이토록 멋진 기업

초시대, 11개 일본 기업의 비즈니스 대혁신!

# 이토록 멋진 기업

후지요시 마사하루 지음 · 김범수 옮김

황소자리

일러두기

- 독서 편의를 위해, 꼭 필요한 경우를 제외하고 지명, 인명의 일본어 병기를 생략했다.
- 부가설명이 필요하다고 판단될 경우, 괄호 안에 상세설명을 달았다.
- 독자 이해를 돕기 위해 원서에 삽입되지 않은 사진들을 다수 수록했다.

친애하는 한국 독자 여러분에게,

이 책은 저에게는 두 번째 한국어판입니다. 한국의 여러분이 제 책을 다시 읽게 된 것이 진심으로 기쁩니다. 우선 제가 앞서 낸 책《이토록 멋진 마을》이 한국에서 출판된 직후의 이야기를 하겠습니다. 2016년 이 책이 출판되자 많은 언론에서 다루어주셨고, 그 해 말 저는 한국에 초대를 받았습니다. 당시 서울 시내에서 탄 택시 운전기사에게서 이런 질문을 받았습니다.

"토요일까지 서울에 계십니까?" 한국어를 할 줄 아는 재일 한국인 3세 아내가 통역을 하면서 "내일 금요일에 비행기로 도쿄로 돌아갑니다."라고 대답했습니다. 그러자 운전기사가 이렇게 말하는 겁니다. "아이고! 안됐네요!" "왜요?" "토요일에 대규모 촛불시위가 있으니까요. 참가하면 좋을 텐데." 그 운전기사는 청와대 국정농단 사건의 뒷이야기를 농담을 섞어가며 이야기하면서 이런 말을 보탰습니다. "시위가 밤늦은 시각에 끝나는 바람에 버스가 없어 집에 돌아가지 못하는 사람이 많습니다. 그래서 제가 모두 합승해 집까지 태워다주고 있어요. 제가 할 수 있는 일이라도 하는 거지요."

이런 식으로 한국에서 다양한 사람들을 만나 대화를 하는 사이, 제게는 한국이 제2의 고향이라는 생각이 들 만큼 인연이 깊어졌습니다. 그리고 많은 독자가 전작의 무대인 후쿠이현 사바에시와 도야마현 도야마시를 방문해주셨습니다. 저도 한국의 지방자치단체나 대학의 초대를 받았습니다. 제 책 《이토록 멋진 마을》은 〈오마이뉴스〉 서평위원단이 선정한 '2016년의 책' 1위에 올랐고, 출판문화진흥원이 대학생에게 추천하는 20권에도 뽑혔습니다. 2019년 1월에는 대구에서 열린 스마트시티 국제심포지엄에도 초청받았습니다.

이렇게 한국을 찾을 때마다 놀라는 것은 한국 사회의 변화 속도입니다. 그리고 제게 가장 관심 있는 주제는 바로 이 시대의 변화입니다. 아니, 정확히 말한다면 '변화의 제물'이 되지 않기 위해 지혜를 짜내 살아가는 사람들입니다. 전작 《이토록 멋진 마을》의 일본어판 제목은 《후쿠이 모델—미래는 지방에서 시작된다》였습니다. 어려운 환경과 시대 변화 속에서 그 누구보다 쉽게 희생되는 지방 사람들이 지혜를 짜내 산업을 일으켜서 도시보다 먼저 미래를 열어젖히고 있다는 르포르타주였습니다.

이 책도 주제는 같습니다. 일본에서는 1998년 자살자가 예년보다

1만 명이나 증가하는 일이 일어났고 그 이후로 오랫동안 자살자 숫자 연간 3만 명대를 유지했습니다. 도대체 일본 사회에서 무슨 일이 일어난 것일까? 이 수수께끼는 오래도록 풀리지 않은 채 제 머리에 남아 있었습니다. 분명한 것은 가치관이 모르는 사이 변하기 시작해 이제까지 해오던 대로는 먹고 살 수 없게 되었다는 것입니다.

이 책에는 대기업, 중소기업, 스타트업으로 불리는 벤처기업 경영자들이 등장합니다. 회사 규모는 전혀 다릅니다만, 1998년을 경계로 살아남기 위해 어떤 지혜를 짜냈는지 알고 싶어 취재를 했습니다.

다윈의 유명한 말이 있습니다. "강한 종이 살아남는 게 아니다. 현명한 종이 살아남는 것도 아니다. 변화에 적응하는 종이 살아남는다."

변화에 적응하는 사람들의 이야기를 듣고 난 후, 제 자신부터 그런 삶을 배우고 싶어졌습니다. 아무리 환경이 어려워도 그 속에서 누구나 공감하는 비즈니스를 만들어내는 사람들 말입니다. 취재를 하는 동안 미래를 열어젖히는 힘이란 바로 이런 것이구나, 하는 감탄이 절로 났습니다. 키워드는 '공존공영'입니다.

《이토록 멋진 기업》에 등장하는 유명하거나 혹은 그렇지 않은 사람들의 이야기가 내일을 살아가는 여러분에게 도움 되기를 바랍니다.

2019년 봄날,
후지요시 마사하루

차례

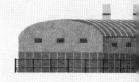

서장

# 1998년, 일본이 변했다

## 자전거로 돌아다니며 느낀 '폭풍 전야'

도쿄 JR주오센 나카노역 남쪽 출구를 나와 상점가로 들어서면 세이부 신용금고 본사가 바로 나온다. 이곳에 근무하는 다카하시 이치로는 30여 년 전 입사한 이후 매일 70곳의 가게를 자전거로 돌았다고 한다. 자전거 짐바구니에 검은 가방을 싣고 와이셔츠와 넥타이 차림으로 페달을 밟았다. 한 가게에 머무는 시간은 불과 2~3분 정도. 어려운 상담을 하는 것도 아니고 이자를 받거나 환전해주는 "금융 물류 작업이었다"고 그는 당시를 회상했다.

그러나 어느 시점부터 매일 70곳을 도는 게 불가능해졌다.

"돈 좀 빌려주지 않겠나."

사장들이 잡아끌며 그런 상담을 해왔기 때문이다. 세이부 신용금고는 우리가 흔히 아는 세이부 그룹과는 무관하다. 도쿄·사이타마·가나가와 일부를 영업 지역으로 삼는 지역 협동조합 금융기관이다. 거래처는 중소 영세기업이나 동네상점 주인, 개인으로 한정되어 있었다.

돈을 빌려달라고 했지만 대부분 경기가 좋을 때 나오는 공장 신설 같은 이유가 아니었다.

"어제 납품한 부품이 원청에서 반품돼 왔다. 가격을 내리지 않으면 중국 제품으로 바꾸겠다고 한다"는 등 달갑지 않은 이야기뿐이었다. 지금까지처럼 "예, 알겠습니다." 하고 끝낼 수가 없었다.

그는 무언가가 아주 크게 움직이는 것 같은 분위기를 감지했다. 사람들의 표정이나 말이 변하고, 지금까지와는 전혀 다른 시대가 오는 듯 불길한 예감이 들었다. 늘 하던 대로 자전거를 타고 다니며 하루 70곳을 도는 일상 업무를 계속할 때가 아니었다. 지역의 '바닥'이 무너지기 시작한다는 것은 신용금고의 사활이 걸린 문제이기도 했다.

다카하시가 점포 70곳을 돌아다닐 수 없게 된 시기는 언제일까? 아마도 많은 사람이 거품이 붕괴된 1990년부터라고 말할 것이다. 그러나 일본 사회의 변화 원인을 언제나 '거품 붕괴' 한 가지로 단정해 버리면 무엇이 문제인지 알지 못하게 된다.

답은 1998년이다. 나중에 이사가 된 다카하시는 "무언가가 크게 변하려 한다는 것을 온몸으로 감지했다"고 당시를 회상했다.

그 무렵 세이부 신용금고는 큰 결단을 내렸다. 사업모델 전환을 시도한 것이다. 이후 전례가 없는 시행착오를 겪었지만 그로부터 20년 뒤…, 세이부 신용금고의 놀랄 만한 변모를 숫자로 살펴보자.

순이익과 경상이익은 2008년 리먼 쇼크 이후 급격한 상승세를 이어가 일본 전국 264개 신용금고들 중 수위 그룹이다. 다른 금융기관과 가장 다른 특장점은 높은 예대율이다. 예금잔고 대비 대출잔고 비율을 말한다. 즉 얼마나 돈을 빌려주고 있는가이다.

세이부 신용금고의 예대율은 매년 상승해 무려 83.49퍼센트(숫자는 모두 2017년 9월 기준)이다. 금액으로는 1조 5,730억 엔. 전국 신용금고 평균 예대율은 계속 하락해 50퍼센트 아래로 떨어졌는데 세이부만 홀로 중소기업을 지원하고 있다. 신용금고 중에는 예대율이 10퍼센트인 곳도 있다. 모은 돈으로 국채와 주식을 사서 운용할 뿐, 지역 기업이나 개인에게 빌려주지 않는 것이다. 누구를 위한 지역 금융기관인지 알 수 없는 상황이다.

요즘 TV 드라마에서는 '돈을 빌려주지 않는 금융기관'이 자주 등장한다. 맑은 날에는 우산을 빌려주고 싶어 안달하다가 막상 비가 오면 빌려준 우산을 거둬들인다. 그런데도 금융기관은 돈을 빌려줄 데가 없다며 한숨을 쉰다.

세이부 신용금고는 이 정도로 많은 대출을 하면서도 연체율이 0.04퍼센트, 불량채권비율은 1.17퍼센트이다. 이것도 업계 평균을 한참 밑돈다. 그러니까 변제 불능인 경우가 거의 없이 거래처 경영이 순조롭다는 뜻이다.

그렇다면 신용금고 직원이 나서서 거래처 경영을 호전시키는 걸까? 누구나 궁금할 것이다. 이사장인 오치아이 히로시에게는 강연 의뢰가 쇄도한다.

세이부 신용금고의 여러 특징 가운데서 내게 가장 흥미로웠던 것은 1,230여 명 직원 중 절반이 20대라는 사실이었다. 이곳에 취직하고 싶어하는 학생이 많아서 입사 경쟁률은 100대 1을 넘는다. 신용금고라는 낡고 화려할 것 없는 직종에 왜 젊은이가 몰려드는 걸까?

"돈을 벌 수 있으니까."라고 답한다면 분명 시대에 뒤처진 사람이다. 물론 돈이나 첨단 사무실 설비를 보고도 사람은 모인다. 세상이란 다 그런 거라고 믿어온 것도 사실이다.

그러나 돈과 물건이라는 재료는 어차피 눈길을 끄는 먹잇감일 뿐이다. 사람들은 '더 좋은 곳'을 찾아 메뚜기 떼처럼 옮겨간다. 그렇다면 젊은 구직자들은 무엇을 원하고, 거기에 대응해 기업은 어떻게 변모한 것일까.

## 동시다발로 나타나 파도처럼 밀려든 것

언젠가부터 나는 인터뷰를 하는 대상에게 다음과 같은 질문을 던지곤 한다. "1998년경 회사에서 어떤 일을 하셨습니까?"

이 질문에 급소를 찔린 듯 놀라는 사람들이 있었다. 기억을 돌이켜 풀어낸 그들의 이야기는 극적이었고, 대화도 점차 열기를 더해갔다.

1998년이라는 시대에 반응하는 사람들은 당시 30~40대였고, 한 명의 샐러리맨에서 회사 경영자로 변신했다. 즉 무언가 업적을 내서 사장이라는 지위에 오른 사람들이다.

왜 1998년 즈음의 일을 물었을까?

동일본대지진이 나고 1년 정도 지난 어느 날, 서로 다른 직업을 가진 사람들에게서 잇따라 "1998년을 연구해보면 어떻겠습니까?"라는 권유를 받았다. 그들의 직업은 정부 관료, 은행 간부, 심리상담가였다. 하나같이 높은 전문성을 지닌 사람들. 그들은 이구동성으로 이렇게 말했다. "왜냐하면 1998년에 일본이 변했으니까요."

지진과 디플레이션 등으로 미래가 암울한 분위기 속에서 "아니야, 일본이 바뀐 것은 지진보다 한참 더 앞선 1998년부터지."라는 이야기는 매우 신선하게 들렸다.

1998년을 검색해보면 여름에는 고시엔甲子園에서 마쓰자카 다이스케의 활약이 화제였고, 와카야마 독카레사건, 다이마진이나 사사키 가즈히로가 소속된 요코하마 베이스터즈의 우승, 또는 유행어 대상 '닷주~노('~라는 거야'라는 뜻의 개그 대사)'라는 연표가 나온다. "아 그랬지." 하는 감탄사와 함께 기억이 되살아났다.

그러나 그런 각각의 화제와 무관하게 일본을 덮친 강렬한 숫자가 있었다. 자살자 수가 갑자기 늘어난 것이다. 그때까지 2만 명대 전반을 유지하던 일본의 자살자 수가 그 해에 3만 2,863명으로 급증했다.

이후 14년 동안 3만 명 아래로 떨어진 적이 없었다. 그 이유는 아직도 밝혀지지 않았다. 예년에 비해 자살자가 1만 명 가까이 급증하고, 이후 14년이나 이어진 이유는 뭘까?

자살자 급증에 대해 심리상담가가 이런 이야기를 했다.

"한 해 전이던 1997년의 아시아 통화위기와 야마이치증권 등 금융 기관의 경영 파탄 때문에 이듬해인 1998년에 자살자 숫자가 급격하게 늘어났다고 진단한다면, 100년에 한 번 올까 말까 한 위기라던 리먼 쇼크 때에도 자살자 숫자가 예년보다 만 명 가까이 늘어야 마땅해요. 하지만 그렇지 않았습니다. 자살과 경기가 다소 관계는 있겠지만, 직접 연관짓기는 어렵습니다. 그런 맥락에서 1998년에 자살자가 급증한 이유를 알 수 없다는 거예요."

인간이 자살하는 이유로 건강 문제, 경제적 궁핍, 인간관계 등 세 가지를 꼽는다. 어느 것이든 미래에 대한 절망으로 스스로 목숨을 끊는 경우지만, 1998년에 일어난 사회 변화를 살펴보면 이렇게 바꿔 말해도 될 듯하다. 더 이상 '신뢰할 수 없게 되었다'는 것. 돈과 관련된 이야기를 해보면 얼른 이해가 간다.

'대출 거절' '대출금 회수' 같은 말이 등장하면서 돈을 빌려주어야 할 금융기관이 빌려주지 않자 중소 영세기업의 부도가 잇따랐다. 일본의 명목 국내총생산GDP이 정점에 도달한 것은 전 해인 1997년이었다. 일본의 성장은 그 해에 멈췄다. 이듬해인 1998년 은행에 새로운 원칙이 도입됐는데 바로 BIS(국제결제은행) 규제였다. 자기자본비율을

1998년, 일본에서 발행된 신문들.

1998년, 일본인의 일상을 떠받치고 있던 모든 것이 변했다. 기업들이 도산하고, 은행은 대출을 거절하고, 노동자들의 삶은 크게 흔들리기 시작했다.

8퍼센트 이상으로 유지해 파산을 피하라는 것이었다. 1998년 규제 시행을 앞두고 생사기로에 선 은행에서는 채무자에게 채권 조기 상환을 압박하거나 돈을 빌려주지 않기로 했다.

금융에 대한 불신이 라이프스타일을 어떻게 바꾸었을까? 가령 젊은 세대를 대상으로 '결혼하지 않는 이유'나 '아이를 낳지 않는 이유'를 묻는 조사에서 언제부터인가 '돈이 없다' '돈이 든다'가 늘 상위에 오른다.

졸저《이토록 멋진 마을》집필을 위해 취재를 할 때 게이오기주쿠 대학의 이데 에이사쿠 교수가 놀라운 시사점을 주었다. 젊지만 실력 있는 이데 교수의 이야기 가운데 무엇보다 흥미를 끈 것이 1998년의 어떤 숫자였다.

"은행의 대출 거절이나 대출금 회수 영향으로 기업의 자금조달 방법이 바뀌었습니다. 전후 일본 기업들은 은행에서 돈을 빌려 그것으로 투자하는 방식을 써왔습니다. 그러나 1998년부터 기업이 투자 초과에서 저축 초과로 바뀐 것입니다."

기업은 은행에서 돈을 빌리는 대신 내부 조달로 옮겨갔다. 기업이 투자 초과에서 저축 초과로 숫자가 역전된 해가 바로 1998년이었다. 돈을 내부 조달하면서 가장 타격을 받은 부문이 인건비였다. 노동자의 삶이 크게 흔들리기 시작했다.

1998년 이후 임금이 하락했다. 고용자 보수 상승률이 마이너스로 떨어져 임금이 감소했다. 저임금, 비정규 고용 그리고 금융자산 제로 세대 증가 및 사회 중간층 감소 같은, 현재 일본이 안고 있는 여러 문제가 그 해부터 태동했다.

미래에 대한 경제적 불안이 젊은 세대에 확산돼 앞서 말했듯 '결혼하지 않는 이유'나 '아이를 낳지 않는 이유'를 묻는 설문조사에서 '돈이 없다' 혹은 '돈이 든다' 같은 답이 당당히 등장했다.

한 가지 더, 이데 교수가 저서 《일본 재정 전환의 지침》에서 지적하는 변화가 있다. NHK방송문화연구소가 실시한 '일본인의 의식조사'에 등장하는 상징적인 숫자다. '국민의 의견과 요구가 국가의 정치에 어느 정도 반영된다고 생각하십니까?'라는 질문에 대해 '전혀 반영되지 않는다'고 답한 사람 비율이 그 전까지 10퍼센트대였던 반면 1998년에 30퍼센트대로 치솟은 이후 이 추세가 지속되고 있다.

1998년은 '노팬티 샤브샤브'라는 말로 화제가 되었던 대장성 접대 사건이 일어난 해이다. 이 사건을 계기로 대장성은 금융청과 분리되었다. 관료의 부정으로 세상이 분노해 정부에 대한 불신이 정점에 달한 시기라고도 할 수 있을 것이다.

1998년은 디플레이션이 본격화한 해이지만 세상의 분위기와 정서가 이 정도로 바뀔 수 있다는 것이 놀랍다. 은행은 돈을 빌려주지 않고, 정부는 믿을 수 없고, 인간관계와 일의 거래관계 같은 '관계성'으로 연결되었던 사회가 가위로 실을 자르듯 뭉뚝 잘려나가 더 이상 의지할 곳이 없어졌다.

## 최악의 상황에서 다시 발견한 가치들

이렇게 1998년 이후 20년을 되돌아보면 최악의 시대가 도래한 것처럼 느껴진다. 먼저 언급했던 세이부 신용금고의 오치아이 히로시 이사장에게 "성공의 비결은?" 하고 물었을 때 그는 이렇게 대답했다.

"가장 큰 성공 원인은 우리 금융기관이 신뢰를 잃었던 것입니다."

아이러니하게도 신용을 바탕으로 해야 할 금융과 경제가 신뢰를 잃었기 때문에 그들은 '신뢰'라는 추상적인 가치를 구체적인 프로젝트로 바꾸는 대혁신을 할 수 있었다.

이렇듯 '최악'과 마주했던 사람들이 세상에 부응하는 어떤 가치를 발견했느냐가 이 책의 주제이다. 지난 20년을 돌아보면서 느낀 점이 있다. 시대가 요구하는 가치관은 '동시다발'로 세상에 나타나, 지류가 큰 강으로 합류하는 것처럼 새로운 시대를 만들어낸다는 사실이다. 이렇게 큰 흐름을 표현하는 데는, 지금은 세계적으로 너무 유명해진 이 단어가 적합할지도 모르겠다. 바로 포스트자본주의이다.

# 1장

# 경쟁주의여, 이제 안녕!

### 다이이치생명과 네츠토요타난고쿠가 증명한 성공의 제1법칙

## 경험한 적 없는 위기 앞에 서다

2014년, 다이이치생명은 전후 처음으로 니혼생명을 보험료 수입 등에서 앞질러 업계 1위가 되었다. 이 사건은 당시 TV와 신문에도 '다이이치생명의 역전극'이란 제목으로 보도되었다.

그러나 다이이치생명 응접실에서 와타나베 고이치로(2017년에 퇴임, 현 회장) 사장을 만나 '전후 첫 1위'란 말로 운을 뗐을 때 예상치 못한 반응이 돌아왔다.

"그런 건 별로 중요하지 않아요."

그게 전부였다. 겸손 떠는 것도 아니었다. 그는 냉정하게 내 말을 잘라버리고는 더 이상 그 화제를 언급하지 않았다. 언론에서 1위를 쾌거로 받아들이는 상황에서 와타나베는 왜 그렇듯 무심했던 것일까?

일본 왕궁의 해자 건너편 과거 연합군최고사령부GHQ의 맥아더 총사령관실이 있었던 것으로 알려진 다이이치생명 히비야 본점. 내가 와타나베 고이치로 사장을 인터뷰한 것은 2016년 9월이었다.

인터뷰를 한 이유는 경제지 〈포브스 재팬Forbes JAPAN〉(2016년 11월호)이 일본의 상장기업을 대상으로 실시한 '사장력社長力 랭킹 100' 조사에서 와타나베가 1위에 올랐기 때문이다. 이 순위는 〈포브스〉가 매년 한 차례 실시하는 연례기획으로, 잡지 편집부와 기업 IRInvestor Relations(기업홍보) 활동을 지원하는 피스코IR이 공동으로 선정한다.

시가총액 및 재무정보와 함께 환경·사회·지배력처럼 숫자화하기 어려운 비재무 정보를 바탕으로 점수화한 것으로, 말하자면 '사장의 성적표'이다. 인터뷰를 맡긴 했지만 적잖이 당혹스러웠다. 1위가 왜 하필 생명보험회사인지부터 납득이 가지 않았기 때문이다.

생명보험이라는 업종은 누구나 오래된 비즈니스라고 생각할 뿐, 세상의 가치관에 영향을 끼칠 만큼 혁신적인 성장산업이라고 여기지 않는다. 신뢰를 잃게 만드는 불미스런 일도 많았다. 2005년 보험업계에서 보험금 미지급 문제가 들통나면서 메이지야스다 생명보험, 미쓰이스미토모 해상화재, 손보재팬이 행정처분을 받았다.

'부적절한 미지급'이란, 계약자에게 마땅히 지급해야 할 보험금을 거부했다는 의미다. 계약자라면 '무엇을 위해 매번 보험료를 냈나'라며 분노를 터뜨릴 만한 사건이다. 사람들은 대기업 조직이 왜 이런 짓을 했는지 어이없어 했다.

다이이치생명 본사 건물.
변화의 시대를 지혜롭게 돌파하면서 다이이치생명은 일본 보험업계를 대표하는 기업으로 거듭났다.

인터뷰는 예상 밖의 이야기로 시작되었다. 와타나베는 '업계 1위'와 관련한 질문을 잘라버린 뒤 80쪽 가까운 자료 뭉치를 테이블 위에 올려놓았다. 표지를 넘기자 나온 선그래프를 그가 가리키면서 "우선 1997년쯤까지 거슬러 올라가서 이야기하는 게 낫겠죠."라고 말문을 열었다. 옳거니! 서장에서 말한 '1998년의 위기'란 주제를 내가 질문하기 전에 와타나베 쪽에서 먼저 끄집어낸 것이다.

"당시 저는 기획·조사 부문에서 일하며 역대 사장의 고민을 눈앞에서 지켜봤습니다. 나중에 내가 사장이 될 거라고는 상상도 못 했죠. 다만, 그 무렵의 경험을 토대로 한 사고방식 체험이 나에겐 큰 자산이 되었습니다."

그 사고방식 체험을 그는 '퀄리티 저니quality journey'라고 표현했다. 일부러 영어로 말한 게 아니다. 그리 알려지지 않았지만 비즈니스 용어 중 하나이다. 이 말이 와타나베 이야기의 키워드이다. 그가 사고방식 여행을 시작했다는 1997년으로 시곗바늘을 돌려보자.

그 해 다이이치생명 사장에 취임한 사람은 모리타 도미지로라는 인물이었다. '도쿄대 라쿠고落語연구회 졸업생'이라고 사내에 소문난 그는(실제로는 가라데부空手部 출신) 어딘지 모르게 인품이 우러나는 풍모였다. 그러나 역대 사장들 중 모리타만큼 어려운 상황에서 경영을 한 사람은 없었다. 스스로 '소방수'로서 '뚫린 구멍 메우기'에 급급했다고 말할 정도였다. 그가 사장을 지낸 1997년부터 이후 7년은 일본 생명보험업계 역사상 가장 어려운 시절이었다.

"모리타에게는 잠이 오지 않는 나날이 이어졌을 겁니다." 와타나베가 당시를 회상하며 말했다. "그 무렵 제가 결산 대책을 담당했는데, 3년 동안 총 1조 5,000억 엔 감손 처리를 했습니다. 매해 5,000억 엔씩 3년 연속 감손 처리를 하고 나니 눈앞이 캄캄했어요. 최고가 3만 엔을 넘던 주가는 절반 이하로 주저앉고 주변 생명보험사는 하나 둘 부도가 나는 상황이었죠. 아마 모리타가 아니었다면 그런 상황을 수습하지 못했을 겁니다."

모리타에게는 여타 경영자와 다른 점이 있었다. 와타나베가 공포스러웠다고 표현할 만큼 최악이던 상황에서도 모리타는 다른 방향을 보며 또 다른 위기를 관찰했던 것이다.

우선 최악의 상황이 얼마나 심각한 것이었는지 짚고 넘어가자. 모리타가 사장에 취임한 1997년 4월, 닛산생명이 부도났다. 닛산생명뿐 아니라 생명보험 전체가 안고 있는 구조적 문제로 인한 파산이었다. 거품경제 시기 높은 예정이율로 상품을 팔아댔던 닛산생명은 거품경제 붕괴와 함께 주가가 하락했다. 여기에 초저금리 시대가 도래하자 예정이율 이상의 운용 수익을 낼 수 없어 '손절매' 상태에 빠져버렸다. 높은 예정이율로 계약자 수를 늘릴 때에는 시대 환경이 이렇게 바뀔 거라고 상상도 못 했다. 일본인 누구나 미래는 성장일로일 거라고 착각하던 시절이었다.

거품경제 붕괴 후유증은 1997~1998년에 걸쳐 한꺼번에 몰려왔다. 닛산생명이 부도나자 생명보험업계는 부도 처리로 분주해졌다. 그런 와중에 손절매를 감당하기 어려워진 생보사들이 차례로 도산하면서 4년 사이 7개 생보사가 파산했다. 보험계약자를 보호해야 하는 것이 큰 과제로 남았다. 과거 미국과 유럽 시장으로부터 '더 세이프The safe'로 불리며 높은 평가를 받았던 일본 생명보험이 한순간에 신뢰를 잃은 것이다.

다이이치생명은 생명보험협회 회장사로서 부도처리 시스템을 마련하는 등 업계의 교통정리 역할을 해야 하는 처지였다. 모리타는 생보계약자 보호를 위해 백방으로 뛸 수밖에 없었다. 1998년 '생명보험계약자보호기구'를 설립하고 자금 지원을 위해 2,000억 엔을 마련했지만, 1999년 도호생명이 파산하며 자금 고갈 위기에 몰렸다.

## 아무도 주목하지 않은 인구감소 위기설

바로 그 무렵인 1997년부터 다이이치생명이 주주였던 야마이치증권, 홋카이도타쿠쇼쿠은행, 일본장기신용은행, 일본채권신용은행이 연달아 파산했다. 대도산 시대의 소방수 역할을 맡은 모양새가 된 모리타는 사내에서 거듭 이렇게 말했다.

"우리는 북극곰이다."

얼음이 녹기 전에 새로운 터전을 찾아내지 않으면 북극곰은 멸종한다. 그러나 '얼음이 녹는다'는 의미가 대도산 시대를 가리키는 것만은 아니었다. 자신의 엉덩이에 불이 붙을지도 모르는 시대와 마주서서 모리타는 의외의 행동을 했다. 그는 당시 기획·조사 부문에 있던 와타나베를 불러 계열 싱크탱크에서 자료를 모아오도록 했다. 신차 등록부터 시작해 백화점, 주류, 외식산업, 식음료 등의 국내 판매 실적과 생명보험 보유계약고였다.

자료에서 도출해낸 결론을 손에 쥔 모리타는 여기저기에서 '진정한 위기의 정체'를 경고하기 시작했다. 바로 '생산연령인구 감소'였다. 모리타가 눈여겨본 것은 1995년을 기점으로 감소하기 시작한 생산연령인구 문제였다.

모리타가 만들도록 한 시뮬레이션 그래프를 보면 1995년부터 생명보험 보유계약고가 감소세로 돌아섰다. 그래프 선의 기울기는 심각한 수준이어서 생산연령인구가 최대였던 1995년을 100으로 잡을 때 2014년 생명보험 보유고는 60에도 미치지 못했다. 주류, 백화점, 신차, 외식도 똑같이 수요가 줄어갔다.

모리타는 '생산연령인구 감소가 사회 모든 마이너스 현상의 원흉이 될 것'이라고 진단했다. 그러면서 "경영방식의 잘잘못이나 경제상황과는 무관하게 인구구조에 근본적인 원인이 숨어 있다"고 목소리를 높이며 사내외를 막론해 경종을 울렸다. 사회 모든 토대가 북극의 얼음처럼 녹아 다른 단계로 바뀌고 있다는 내용이었다.

그러나 모리타의 제언을 당시에는 그 누구도 귀담아듣지 않았다. 지금은 모리타의 주장을 의심하는 사람이 거의 없지만 눈앞에서 부도가 잇따르는 판국에 '위기의 본질은 인구구조'라고 말해봐야 씨알도 먹히지 않았을 게 뻔하다.

와타나베가 그때 일을 돌이키며 이렇게 설명했다.

"모리타의 북극곰 비유는 시대 환경이 완전히 바뀌는 마당에 계속 같은 장소에 머물러서는 안 된다는 의미였습니다. 저는 이 이야기를 할 때 맥주업계를 예로 듭니다. 맥주는 1995년에 정점을 찍은 후 2013년에는 실제 소비가 60퍼센트나 감소할 정도로 극적으로 줄어듭니다. 그러나 저출산 고령화와 취미, 기호의 다양화로 맥주 판매가 격감하는 한편에서 '제3의 맥주'라는 새로운 장르가 생겨났고, 그들이 해외 진출을 모색하며 수익구조를 바꿔가는 겁니다."

맥주는 일본에서 판매된 병의 숫자만 보면 확실히 격감하는 추세다. "기존 상품만을 팔면 숫자는 줄어듭니다. 다만 그들이 환경에 맞춰 계속 변화했기 때문에 살아남은 겁니다." 와타나베는 이렇게 설명했다. 보험도 마찬가지다. "그때까지 생명보험회사의 실적은 사망보험금액의 합계인 보유계약고로 파악하는 것이 일반적이었어요. 그것만 놓고 보면 생산연령인구 감소로 인해 수익은 필연적으로 줄어듭니다. 그런데 시점을 바꿔 생각해보니 의료와 요양 분야, 저축성이 높은 보험과 연금처럼, 상품을 개발할 여지가 있었던 겁니다."

생보업계가 '밑바닥' 시기에 들어서자 모리타는 2대 전략을 내놓았다. '경영품질경영'과 '생애설계'였다. 경영품질경영이란 한마디로 말해 '고객 만족을 축으로 한 경영혁신'이다. 품질, 즉 앞서 말한 퀄리티다.

경영의 품질을 높이자는 운동이 있다. 미국 레이건 정부에서 상무 장관을 역임한 맬컴 볼드리지가 주도한 미국의 국가전략이다. 볼드 리지의 이름을 딴 상도 만들어졌다. 모리타의 전임 사장이었던 사쿠라이 다카히데는 1996년 미국을 흉내내 일본에서 '경영품질협의회'를 출범시키고 그 창립 멤버가 되었다. 이 협의회는 1996년부터 '일본경영품질상'을 선정해 발표하고 있다.

1996년 미국에서 진행된 '맬컴 볼드리지상'의 수상기업 보고회를 다이이치생명 간부들도 시찰했다. 전미에서 1,700명의 기업인이 모여 경영품질을 열띠게 논의했다고 한다. 시찰단은 그 열기에 압도되었다. 경영품질경영을 전략으로 내세운 모리타는 추진사무국 운영을 와타나베에게 맡겼다.

그러나 와타나베는 이렇게 말한다. "사실을 말하자면, 경영품질경영은 일본이 역수출한 것입니다." 미국이 내세우는 품질경영의 모델이 일본이라는 것이다. 대체 무슨 말일까?


## 보험의 존재 의미를 재정의하다


1980년대, 아이치현 도요타시에 몰려온 미국인들을 수없이 봤다는 이야기를 그 지역 출신자에게서 들은 적이 있다. 아이치현에 온 미국인들이 했던 건 바로 '도요타 연구'였다.

미국 제조업의 밑바닥 시기는 1970년대부터 시작된다. 자동차 분야에서부터 국제경쟁력이 약해진 미국은 1980년대로 접어들며 일본 연구에 돌입했다. 그저 유람하는 식으로 시찰한 게 아니다. 일본 기업과 합병회사를 만드는 등 본질을 알아내려 치열하게 연구했다. 그 결과 '일본의 강점은 제품 품질만이 아니라 조직과 사람까지 포함한 전사적인 품질 관리에 있다'고 보면서 매년 1,000명 넘는 사람들이 일본을 방문해 제조현장을 시찰하고, CS(고객만족도)를 주축으로 '경영의 품질을 높인다'는 슬로건을 국가전략으로 삼았다.

이것이 '경영품질경영'이다. 이 같은 학습 성과를 통해 실리콘밸리로 대표되는 '에코시스템(자연 생태계처럼 순환하는 가운데 효율적으로 수익을 올리는 공존공영 구조)'이 만들어졌다. 스티브 잡스의 '아이폰'도 원류를 찾아 거슬러 올라가면 미국 정부가 총력을 기울여 실시한 '일본 연구'의 성과와 맞닿는다는 것이다. 사물을 구조화해서 '에코시스템' 같은 단어로 명명한 뒤 이를 글로벌 스탠더드로 삼아 세계에 보급하는 것은 전략에 강한 미국다운 이야기이다.

그러면 원조 일본에서 '경영품질경영'을 맡은 와타나베의 상황은 어땠을까. "모순으로부터 출발했다"고 그는 말한다. "모리타 사장이 '거대한 연체동물에 등뼈를 꿸 필요가 있다'고 말했는데, 멋진 표현이라고 생각했습니다. 문어나 오징어처럼 등뼈가 없는 동물에 등뼈를 갖도록 한다는 것은 절대모순이죠. 제조업 현장은 제품을 만들어 고객 평가를 피드백받은 후 마케팅, 홍보, 설계, 재고관리, 그리고 인사나 사내 지배력 강화에 활용할 수 있습니다. 반면 금융이나 생보에는 눈에 보이는 제품이 없어요. 게다가 다이이치생명에는 당시 6만 5,000명이 재직했고 1,000만 명 고객에 대한 영업·사후관리 활동이 분주하게 진행되고 있었습니다. 매일 불규칙적으로 무수한 문제가 발생하는 마당에 매뉴얼이나 규칙만으로 활동의 품질을 높이는 것은 사실상 불가능합니다."

그러나 모리타 사장은 창사 100주년을 기념하는 2002년이 되기 전에 '일본경영품질상'을 수상한다는 목표를 세웠다. 이를 위해서는 외부 제3자가 실시하는 심사를 통과해야 한다. 다이이치생명은 규모는 물론이거니와 고객 평가마저 어려운 조직이다. 그걸 알면서도 모리타는 심사를 통과하는 조직으로 바꾸겠다고 선언했다.

당시 와타나베는 동업자에게서 이런 빈정거림을 들었다. "다이이치는 좋겠네요. 이런 난국에 그런 것도 하고." 생보사들이 줄줄이 쓰러지고 실적 올리기에 안달이 난 상황에서 품질 연구를 하겠다고 나섰으니, 그럴 만도 했다. "아마도 그들에게는 내가 하던 일이 취미생활쯤으로 보였겠지요." 이렇게 말하며 와타나베는 쓴웃음을 지었다. 조직의 품질을 높인다는 것은 추상적인 작업이어서 도무지 실적 향상과는 무관해 보였기 때문이다.

와타나베는 '고객 우선' '독자 능력' '사원 중시' '사회와 조화'라는 네 가지 기본 이념을 바탕으로 일본경영품질상의 평가기준에 있는 8

개 범주를 꼼꼼히 조사하기 시작했다. '리더십과 의사결정' '개인과 조직의 능력향상' 같은 내용들로, 숫자로 나타낼 수 있을지조차 장담하기 어려웠다. 그러나 와타나베는 이렇게 말했다. "그때까지 저는 어렴풋하게나마 회사를 알고 있다고 생각했어요. 하지만 이렇게 규모가 큰 조직을 제대로 알기란 어렵습니다. 내가 아는 회사는 소속장이 말하는 말 속에만 머물렀던 것입니다."

우선 과제를 추출해 이상과의 간극을 메우는 작업부터 착수했다. 경영품질경영이라는 과제와 맞닥뜨린 그는 '생애설계' 전략을 내놓았다. 그때까지 보험 권유는 '한 가족의 대들보에게 무슨 일이 생기면 큰일이지요.'라는 선전문구 아래 세대주를 대상으로 하는 방식이 주류였다. 그러나 인구감소 시대를 맞아 영업체제와 의식을 모조리 바꿔야 했다. 그래서 몰두한 것이 고객을 세 가지 '시간'대로 나누는 방식이었다.

세 가지 시간이란 생명보험계약 '제안 때' '계약 중' '보험금 수령 때·만료시'이다. 나아가 '고객의 생애 전체를 지켜드린다'는 콘셉트를 마련했다. 시간을 축으로 삼아 접점을 바꾼 후 영업직원이 고객에게 다가가는 형태로 전환한 것이다. 나아가 다양한 연령층에 대한 인생 설계를 진행했다. 간단히 말해 세대주를 대상으로 '사망시 보험금을 지급한다'며 보험을 파는 게 전부였던 모델에서 '한평생 소통하며 고객에게 무슨 일이 생기든 상담할 수 있는 파트너가 된다'는 모델로 전환한 것이다.

## 쓸데없는 경쟁에 휘말리지 말 것

이것은 '생애고객화(로열 커스터머)'라고 부르는 방식에 가깝다. 나 역시 성공 사례를 보고 들은 적이 있다. '열심히 일하지 않는다'는 경영 방침으로 널리 알려진 케이즈홀딩스가 바로 그런 경우다. 케이즈홀딩스는 이바라키현 미토시에 본사를 둔 가전양판점 '케이즈덴키'를 운영하는 회사다. 전국 판매망을 갖고 있으며 1947년 창사 이래 지속적으로 수익을 늘려가고 있다. 동일본 대지진 때는 부득이 손실이 났지만 이 시기를 제외하면 창사 이후 한결같이 '수익증대' 일로다. 이 회사는 '직원제일주의'로도 유명하다. 사원에게는 달성 목표가 없고 장시간 노동이 없다. 인터넷쇼핑 영향으로 많은 가전양판점이 어려움을 겪는 상황에서 케이즈덴키는 어떻게 계속 성장할 수 있었던 것일까?

가장 큰 이유는 수도권 등 대도시에서 경쟁 점포와 쓸데없는 경쟁을 하지 않는 것, 그리고 물건을 사러 오는 사람이 점원을 지명할 정도로 지역밀착형을 추구한다는 점이다. 즉 이들 점포는 가격 경쟁력으로 승부하지 않는다. 매뉴얼에 따른 '접객'이 아니라 점원이 손님과 일체가 되어 손님의 처지에서 상품을 고르므로 구입한 사람들의 만족도가 높다. 신뢰를 얻은 점원이 손님에게 지명받는 건 그 때문이다.

케이즈덴키와 비슷한 방식으로 경영하는 회사가 미국 텍사스에 본

직원제일주의를 표방하는 가전 양판점 케이즈홀딩스의 케이즈덴키 아키타점.
인터넷쇼핑몰의 급성장 속에서도 케이즈덴키의 매출은 지속적으로 증가하고 있다.

사를 둔 사우스웨스트항공이다. 이 회사도 직원제일주의를 당당하게 내걸고 있다. 그럼에도 사우스웨스트항공은 1973년 이후 단 한 번도 적자를 낸 적이 없는 데다 직원 해고나 일시 휴직조차 하지 않았다. 미국 항공업계에서는 기적이라고 불러도 좋을 정도다. 직원 가족이 회사에 놀러오는 것을 대환영하는 사풍도 독특하다.

성공 비결은 서비스이다. 직원은 손님을 즐겁게 하는 것을 자신의 기쁨으로 삼는다. 흑인 객실승무원이 기내방송으로 래퍼가 되어 마이크 퍼포먼스를 한다든지, 탑승한 손님이 가방을 좌석 위 선반에 넣으려고 할 때 선반 안에 숨어 누워 있던 여승무원이 "어서오세요!" 하고 나타나 깜짝 서비스를 하는 등 그 수위가 가히 광적이라는 평까지 듣는다.

사우스웨스트항공은 '즐기면서 성장한다'는 모토 아래 저가항공로와 운항횟수 확대, 고객서비스를 통해 미국 내 단거리 항공시장을 석권하고 있다. 지방 도시를 연결하는 노선의 60퍼센트 이상을 점유하는, 철두철미 지역밀착형 회사이다. 고객이 회사의 팬이 되어 재이용하게 되는 사우스웨스트항공은 '러브 라인'으로도 불린다. 케이즈덴키나 사우스웨스트항공의 공통점은 창업이념을 이어받아 '팬'을 확보했다는 사실이다.

이런 생애고객화는 '파는 쪽과 사는 쪽의 관계'를 다시금 생각하게 한다. 상품을 팔거나 서비스를 제공하는 쪽도, 상황이 바뀌면 언제든 사는 쪽이 된다. 그 반대 경우도 마찬가지다. 인간은 상황에 따라 수

시로 판매자 혹은 구매자가 된다. 따라서 선을 그을 필요가 없음에도 '손님은 왕'이라는 말로 인해 묘한 오해가 생긴다. 지금까지 시장은 양으로 승부하는 '화전농업형' 영업이었다. 하지만 인구감소 시대에 그런 방식은 통하지 않는다. 기존의 확대 노선 대신 고객에게 친밀하게 다가가는 방식으로 영업 방식을 전환하는 게 어떨까?

익숙했던 확대일로 노선을 버리고 고객에게 새로 다가가 맞춤형 인생 설계를 한다는 것은 사실 회사로서는 험난한 길이었다. 와타나베가 들려준 이야기 중 다이이치생명 창업자인 야노 쓰네타와 이시자카 다이조가 나눈 대화가 있었다.

이시자카 다이조는 도시바 사장을 거쳐 게이단렌經團連 회장을 지낸 인물로 작가 시로야마 사부로의 소설《더 이상 자네에게는 부탁 않는다》로도 알려져 있다. 이시자카는 다이이치생명 사장을 9년 간 역임하기도 했다. 앞서 그가 지배인으로 재직하던 시절 회사는 약진을 거듭해 1932년에 업계 2위가 되었다. 2위에 올랐으니 당연히 업계 수위 자리가 눈에 들어올 법했다. 그러던 어느 날, 당시 사장이던 야노가 이시자카 등을 집으로 불렀다고 한다.

야노는 이시자카가 업계 수위를 목표로 하고 있음을 꿰뚫어보고 이렇게 말했다. "업계 1위 같은 건 그만두세요." 왜 창업자는 1위를 목표로 삼지 말라고 당부한 걸까. 와타나베는 "상대적인 경쟁을 하지 말라는 의미입니다."라고 설명했다. "양적 확대는 상대적인 가치일

뿐입니다. 멀리 내다보면 업계에 도움이 되지도 않고요. 최대를 목표로 삼지 말고 절대가치인 최우량을 목표로 하라는 뜻입니다. 최우량을 지속적으로 추구한다는 것은 종착점이 없는 가혹한 여행과 같지만, 경영에는 매우 중요한 덕목입니다."

다시 말해 쓸데없는 경쟁에 휘말려 일희일비하지 말라는 경고였다. 그런 쓸데없는 경쟁이 심각한 사태를 초래하리라는 것을, 거품경제 시기에 경고한 또 한 사람이 있었다.

## 변화는 마찰을 낳고, 마찰은 진보를 낳는다

'프리컴페티티브 테크놀로지Pre-Competitive Technology(경쟁전기술)'라는 개념이 제창된 것은 베를린 장벽이 무너진 1989년이었다. 당시 도쿄대 교수였던 요시카와 히로유키(훗날 도쿄대 총장, 일본학술회의회장)가 '지적생산시스템 해방'을 외치며 'IMS'라는 국제 프로젝트를 출범시킨 것이다. 이 견해에 기반해 사반세기 후 제4차 산업혁명이라고 독일이 이름 붙인 '인더스트리 4.0'이 나온다.

경쟁전기술이라는 개념이 나올 당시 제조업은 공동화에 직면해 있었다. 위기의 가장 큰 원인 중 하나는 선진국 간 과당경쟁이었다. 요시카와는 "멀리 내다볼 때 제조업의 존립이 위태롭다"(〈IMS 국제공동연구프로그램 20년〉)고 우려했다. 이를 토대로 암묵지暗默知처럼 전달이 어려운 경험적 지식들을 공유하자는 아이디어가 나왔다. 생산기술의 기초를 공유하면 쓸데없는 과당경쟁에서 벗어나게 되고, 그렇게 해서 생긴 여유를 새로운 기술개발에 쓸 수 있다. 즉 1에서 10까지 모두 자기 회사가 개발하는 대신 협조 가능한 부분과 경쟁 부분을 나누어 생각하자는 발상이었다. 그것이 바로 '프리컴페티티브'라는 개념으로, 20세기형 공업모델에서 벗어나는 열린 혁신이었다. 이 국제적인 구상은 일본을 중심으로 유럽과 미국, 호주, 캐나다, 한국으로 확대되었고 일본에서는 약 200개 회사가 동참했다. 그러나 당시엔 IT기술을 동반하지 않았으므로, 정작 이 구상이 꽃을 피운 건 독일 인더스트리 4.0에서였다.

'협조'와 '경쟁'을 구분하자는 발상은 처음 제창되고 28년이 지난 2017년, 일본 맥주업계에서 처음 실현되었다. 글로벌 경쟁이 치열한 맥주업계에서 소모전을 피하기 위해 시장점유율 1, 2위인 아사히 맥주와 기린맥주가 공동 배송이라는 형태로 협력했다. 물류업계에서 트럭운전사 확보가 곤란해 비명이 들리는 상황이 오자 라이벌끼리 손을 잡은 것이다. 협력하자는 발상은 어느 시대에나 있었지만 이처럼 현실로 구체화하는 데는 많은 시간이 필요했다. 막다른 위기에 직면하지 않으면 좀체 장벽을 제거하려 들지 않기 때문이다.

쓸데없는 경쟁은 지금도 다양한 산업에 남아 있다. 가격경쟁도 마찬가지다. 물건 가격이 싸지면 언뜻 소비자에게 이익인 듯 보이지만 어디에선가 문제가 생긴다. 농수산업자가 그 전형이다. 터무니없이

"선두만 추구하면 경영을 제대로 못 보게 됩니다. 우리는 토대를
성장시키기 위해 품질을 추구해갑니다." 다이이치생명의 와타나베는
말한다. 고객의 수요에 대응하기 위해 직원 한 사람 한 사람이 가치
를 창조해가는 것이다. 다이이치생명 직원들은 언뜻 '그걸 해서 무슨
이득이 있을까?' 싶을 만큼 본업과 관계없는 지역 공헌활동에도 참가
한다. '지역과 함께 성장해가자'는 의식에 바탕한 것이다.

생명보험사 영업직원이 지역 청소나 고령자 보살핌, 또는 치매 후
원자 양성 강좌에 다니는 것을 보며 당초 나는 '보험상품을 팔겠다고
저렇게까지 하나?'라는 불쾌감마저 들었다. 그러나 그것은 파는 쪽
과 사는 쪽으로 나뉘었던 관계가 크게 바뀌었음을 보여주는 하나의
징표였다. 와타나베는 이를 '관계성 사고'라고 표현한다. 내가 관계성
사고의 중요성을 제대로 알아차린 것은 이후 다른 회사들을 취재하
면서였다. 이에 대해서는 나중에 설명하겠다.

1위를 목표로 삼지 말라고 했던 창업자 야노도 그냥 지나칠 수 없
는 인물이다. 야노는 '통계의 아버지'로 불리며, 일본 초등학교와 중
학교에서 그 업적을 가르친다. 37세에 다이이치생명을 창업한 야노
쓰네타는 1866년 현재의 오카야마현에서 태어났다. 본래 의사였던

그는 니혼생명에서 계약 심사를 맡았다. 경영진과 갈등한 끝에 니혼생명을 퇴사한 뒤에는 보험에 관한 논문을 여럿 집필했다. 다카하시 도시오가 쓴 《변혁의 방패》(다이이치생명보험주식회사)에 따르면 27세 때 원고지 1,000매 대작 〈생명보험원론〉 집필을 시작했는데 그 과정에서 독일 문헌을 통해 고타생명이라는 상호회사를 알았다고 한다.

상호회사란 주식시장에서 자금을 조달하는 주식회사와 달리 보험 계약자가 '직원'이다. 이념으로만 알았던 상호회사를 고타생명이라는 실제 사례로 알고 난 그는 독일 유학을 결심했다. 독일에서 야노는 너무도 연구에 열중한 나머지 '보험'이라는 별명이 붙을 정도였다.

그는 완성한 논문 〈생명보험원론〉을 다카하시 고레키요나 야스다 젠지로 같은 당대 유명인사들에게 보냈다. 그리고 야스다의 부탁에 따라 야노는 공제생명보험을 변신시켜 지배인이 되었다. 하지만 야스다 젠지로와 자신의 견해가 다르다는 것을 깨닫자 퇴사했다. 이후 야노는 농상무성에 보험과가 신설되면서 초대 보험과장을 맡았다. 거기서 그는 상호회사의 규정을 담은 보험업법을 기초했다.

당시는 보험회사가 난립하던 시절이었다. 야노는 보험과장으로 재직하며 부적격 보험회사 숙정을 단행했다. 하지만 보험업법을 만들고 1년이 지났는데도 자신이 이상으로 삼는 보험회사가 나타나지 않는다는 사실에 그는 실망했다. 그래서 농상무성을 그만두고 직접 보험회사를 설립했다. 1902년 '일본 생명보험업계의 흔들리지 않는 모범'이 되자며 창업한 것이 일본 최초의 상호회사 '다이이치생명'이다. 야노의 반생을 간단히 돌아보는 것만으로도 독일에서 '보험'이라는 별명까지 얻은 이유를 쉽게 짐작할 수 있다.

야노의 업적으로 반드시 기억해야 할 것 중 하나가 자신의 진정성을 '시대에 대한 관찰'로 이어갔다는 점이다. 그는 이렇게 이야기했다. "군사력 확장 바람이 불 때 일본의 모습을 정확하게 파악하고 있었다면 절대 그런 방향으로 나아가지 않았을 것이다. 그래서 정확한 통계가 중요하다."

국가가 올바른 정책 판단을 하려면 올바른 통계에 기초해야 한다고 믿었던 그는 1927년 《일본국세도회日本國勢圖會》를 간행했다. 지금도 학교 부교재로 쓰는 《일본국세도회》나 《데이터로 보는 현세縣勢》는 야노의 업적을 기리기 위해 1953년 설립한 공익재단법인 '야노쓰네타기념회'에서 발행하고 있다. 이 재단의 초대 이사장을 역임한 사람이 야노에게서 "1위 같은 건 그만두세요."라는 말을 들었던 바로 그 인물, 이시자카 다이조였다.

와타나베는 다음과 같은 이야기도 들려주었다.

"1976년 신입사원으로 마치다 영업부 최일선에 배치되었을 때 그 지역에서 채용된 여성 영업직원이 '당신은 대학까지 나왔으면서 왜 여기 왔어?'라는 말을 하더군요. 대학 졸업자를 영업 최전선에 배치하던 초기라 갖가지 어려움을 극복해야 했습니다. 당시는 보험전환제도가 막 도입된 시기였어요. 현재 계약한 보험을 이용해 적립 부분

2015년 11월호 〈Forbes JAPAN〉 표지에 실린 와타나베 고이치로 사장(당시).

등을 새로운 보험에 충당하는 것입니다. 그 결과 실적은 크게 늘었습니다. 하지만 매일 야근에다 휴일도 없었어요. 게다가 모델 점포였기 때문에 위에서는 갖가지 주문이 끊이지 않았습니다. 노동환경은 가혹한 데다 일은 모순투성이여서 의문의 연속이었죠. 그때 상사가 가르쳐준 것이 우메사오 다다오의 베스트셀러 《지적 생산의 기술》에 등장하는 카드식 메모장·교다이京大식 카드입니다."

회사의 조직 및 운영방식이 달라져 보험전환제도가 등장하는 등 시대가 급변하는 상황에서 그는 현장 단위에서 생겨나는 의문이나 모순점을 카드에 써서 상자에 넣었다. 이후 그것을 '조직론' '팀워크'

등으로 나누어 문제를 해결했다는 것이다.

와타나베는 20대에 수첩 한 구석에 이런 메모를 했다. '변화는 마찰을 낳고, 마찰은 진보를 낳는다.' 누가 한 말인지 기억하지는 못한다. 다만 언제부터인가 그 말을 좌우명으로 삼았다. "기업 경영이나 조직 운영도 항상 모순 덩어리죠. 모순으로 가득 찬 것이 정상입니다. 늘 현실을 개혁해가는 것 외에 다른 해결 방법이 없습니다."

'최대에서 최우량으로'라는 모토 아래 업무에 돌입한 와타나베는 3년 만인 2001년 일본경영품질상 신청서가 된 '경영품질보고서' 정리를 마쳤다. A4 용지 100매 분량이었다. 8개 카테고리로 분류한 이 상세한 분석이 모순으로 가득 찬 업무의 해결책이자 1997년 시작한 생각 여행의 답이었다.

2001년 다이이치생명은 일본경영품질상을 수상했다. 2010년 사장에 취임한 와타나베는 'DSR 경영'을 내세웠다. 전 사장인 사이토 가쓰도시가 추진한 CSR 경영을 독자적인 스타일로 진화시킨 것으로 'Dai-ichi's Social Responsibility'의 약칭이다.

"DSR 경영 전략의 본질은 간단해요. 경영혁신을 계속하기 위해 조직과 직원을 갈고 닦자는 것입니다. 지속적인 노력을 통해 직원 한 사람 한 사람의 역량을 높이고 그 종합으로서 조직의 역량을 향상시키는 것입니다."

## 싸고 빠르고 편리한 것만 추구하다가…,

사실을 말하자면, 최대로부터 최우량을 추구하는 퀄리티 여행을 하도록 와타나베에 영감을 준 작은 조직이 있었다. 고치현 고치시에 있는 넷츠토요타난고쿠라는 자동차 영업점이었다. 가격경쟁을 하지 않는데도 불구하고 여러 자동차 회사들이 치열하게 영업하는 지역에서 10년 사이 매출을 2배 늘려 CS(고객만족) 12년 연속 1위를 기록했다. 거기에 '관계성 사고'의 힌트가 있었다.

그래프가 하나 있다. 도요타 자동차의 국내 판매 대수가 1996년 이후 서서히 감소하는 것을 보여주는 선 그래프다. 1996년 약 240만 대였던 판매 실적이 2014년에는 150만 대에도 미치지 못한다. 떨어지는 국내 판매 대수를 비웃기라도 하듯 고치시에 있는 넷츠토요타난고쿠의 판매 대수는 2002년부터 계속 늘고 있다. '왜 잘 팔리는가?'라는 질문보다도 내게 흥미로웠던 건 넷츠토요타난고쿠가 고치시라는 험지에 있다는 점이었다.

고치현은 일본의 47개 도도부현都道府縣 중에서도 가장 이른 1990년에 인구감소가 시작된 지역이다. 거품경제의 여운이 아직 남아 있던 시기에 홀로 저출산 고령화 및 인구감소로 돌진했다. 고령화율이 높을 뿐 아니라 1인당 현민 소득은 2010년 이후 뒤에서 2위쯤에 머문다. 고치에 가면 "꼴찌에서 두 번째 현"이라며 자조적으로 웃어넘기는 사람들을 만날 수 있다. 현의 수장마저 "해결해야 할 과제가 많은 현"이라고 소개할 만큼 낙후한 지역이다.

넷츠토요타난고쿠가 들어선 것은 고치시 자동차 판매업계에서는 가장 늦은 1980년이었다. 이미 신규 고객을 찾아내기가 어려운 상황에서 점포를 연 셈이다. 그렇다면 어떻게 그처럼 놀라운 결과를 이끌어낸 것일까?

그 답이 '직원제일주의'이다. "로비의 의자가 부족할 지경입니다." 라고 웃음지으며 전시장을 안내해준 사람은 비스타워크스연구소 대표 오하라 고신이었다. 카페처럼 의자와 테이블이 여기저기 놓여 있지만 앉을 자리가 없을 정도로 손님이 찾아온다고 한다. 오하라는 1989년에 현재의 넷츠토요타난고쿠에 입사해 채용 업무를 맡았다. 20년 간의 경험을 토대로 2010년 비스타워크스연구소를 설립해 분사한 그는 지금도 그곳의 채용과 인재개발을 맡고 있다.

"영업점이 처음 들어설 때는 회사 규모도 직원 숫자도 적은 데다, 대다수 주민들이 차를 사는 점포가 이미 정해져 있었습니다. 그런 상황에서 방문판매 대신 점포를 찾아오는 고객을 맞는 방식을 택했어요. 그럴 경우 한 명의 고객을 여러 스태프가 응대할 수 있습니다. 이과정에서 전시장의 형태나 접객 방법 등을 연구하고 개선을 거듭해왔습니다."

이런 노력으로 회사는 전국 도요타 판매회사 가운데 CS 1위에 올랐다. 화전농업처럼 신규 고객 개척을 목표로 하는 경우 영업사원의 노력은 헛수고로 끝날 공산이 크다. 그래서 한 명의 고객과 평생 교류할 수 있는 '생애고객화'를 목표로 삼은 것이다.

하지만 매년 CS에서 전국 1위를 해도 실적은 떨어졌고 급기야 직원이 일제히 사표를 내는 사건이 일어났다. "1996년부터 1998년에 걸쳐 '이 업계에 있어봤자 미래가 없다. 노력해도 보답이 없다'며 불만을 토로하는 선배의 영향을 받고 신참들이 퇴사했습니다. 큰 충격을 받았어요. 본래 우리 분야는 구직자가 별로 매력을 느끼지 못하는 업계라 학생들에게 인턴십을 권하거나 직접 준비한 이벤트를 여는 등 갖은 노력을 펼쳐왔습니다. 그런 상황에서 신참들이 퇴사를 하니 분노 비슷한 감정마저 들더군요."

화가 치미는 상황에서도 오하라는 곰곰이 생각했다. 그 결과 직원들이 느끼는 '만족'의 의미를 새롭게 정의했다. 주어진 환경에서 '만족감'을 재다보면 경기가 나빠질수록 '불만'은 커진다. 환경에 대한 만족감을 비교하기 시작하면 끝이 없다. 그렇다고 모처럼 인연이 생겨서 입사한 직원을 그만두게 해서도 안 된다. 결국 오하라는 '직원이 회사의 분위기와 풍토, 즉 인간관계에서 영향을 받는다면 사풍을 재구축해야 한다'는 결론에 도달했다.

"당시 직원들은 판매 방법이나 생애고객화 시스템을 '따르지 않으면 안 된다'는 의무감으로 실천했습니다. 반면 회사는 '전 사원을 인생의 승리자로 만든다'는 이념을 표방했지요. 회사의 이념을 제대로 실현하기 위해 모든 것을 다시 정리해보기로 한 겁니다."

2001년부터 이듬해에 걸쳐 실적이 밑바닥을 치던 무렵, 사내 토의를 거쳐 깨달은 게 있었다. "어느 판매점이든 할인을 하거나 점포가 가깝다는 편의성으로 거래를 늘려갑니다만, 고객 자체가 줄어드는 상황에서 '싸고 빠르고 편리한' 것만 내세워 확장하려 들면 직원은 피폐해지고 파탄이 납니다. 그보다 중요한 건 따로 있었지요. 가령 자동차 정비 등 AS까지 도맡는 서비스를 한다든지, 곧바로 자동차 구매로 이어지지 않더라도 1년에 열 번 이상 반복해 매장에 들르는 단골 고객을 늘리는 것이었습니다. 우리는 그 고객들이 품고 있는 생각과 매장에 들르는 이유를 들어보기로 했습니다."

고객의 이야기를 들어보니 "모두 친절하잖아." 혹은 "언제나 정성을 다하니까."라는 대답이 나왔다. 이처럼 막연한 응답에서 어떤 힌트를 얻을 수 있을까? 직원들은 고객들에게 조금 더 깊은 이야기를 들어보기로 했다. 그러자 어느 대답에나 '에피소드'가 숨어 있었다. "점포에 갔을 때 엔지니어의 농담이 너무 재미있어서 모두 기분이 좋아졌다", "비오는 날 자동차가 멈춰버려 혹시나 하는 마음으로 전화를 했더니 영업직원이 달려와 주었다"는 등 스태프와 고객 사이의 친밀한 관계를 담은 것들이 대부분이었다.

오하라와 동료들은 하나의 그래프를 만들었다. X축을 '거래의 성숙도', Y축을 '관계성의 성숙도'로 수치화한 결과 '관계성의 성숙'은 가격이나 편리함의 문제가 아니라는게 확연히 드러났다. 경제 합리성과는 달리 인간만이 내리는 '비합리적 의사결정(결단)'에 의미가 있다는 사실을 알아차린 것이다.

경제 합리성을 추구하는 '판단' 중시의 일 처리 대신 '관계성'을 강화해 나가려면 어떻게 해야 할까? 이것이 넷츠토요타난고쿠의 과제로 떠올랐다. 관계성의 성숙에 대해 오하라는 "부모자식 관계나 연인 관계와 마찬가지입니다."라고 설명한다. "자식이 입시에 실패했을 때 아버지가 어떤 말을 하며 어떤 태도로 다가가느냐에 따라 부자 간 신뢰 관계는 달라지죠. 연인이 사고를 당했을 때 내가 한 최선의 행동이 '당신답네'라며 멋있는 것으로 받아들여질 때 관계성은 깊어집니다. 별것 아닌 노력이나 마음 씀씀이가 곁들여져야 사람 사이의 관계성이 발전해갑니다." 인공지능으로는 불가능한 공감이나 양보 같은 비합리적 의사결정을 존중해 고객과 관계의 질을 높이자 흥미롭게도 거래량(매출)이 달라지기 시작했다. 앞서 말한 그래프 같은 숫자가 나온 것이다.

비합리적 의사결정을 이끌어내려면 직원을 교육하는 수밖에 없다. 오하라는 "핵심은 사상이나 생각을 강요하는 게 아니라 생각의 계기를 제공하는 것"이라고 강조했다. 자율적으로 일하면서 이타적인 마음을 갖기 위해서는 스스로 세운 꿈과 체험 속에서 타인을 기쁘게 하거나 용기를 얻는 등의 피드백 체험을 반복하며 배워야 한다.

"저는 불만족과 불행은 다르다고 주위에 말합니다. 가난하면 사는 게 불편하고 만족스럽지 않지만, 불행하다고 단정지어서는 안 됩니다. 요즘 세상은 흔히 환경만으로 좋고 나쁨을 규정해요. 돈을 벌기 위해 일을 하면, 좋은 환경이나 대우만을 좇을 공산이 높아집니다. 그럴 경우, 필연적으로 판단착오나 불만을 낳지요. 직업을 선택할 때 우리가 돈보다 중요하게 생각해야 할 점은 일하는 동안 성장하고 행복할 수 있느냐 여부입니다. 일한다는 것은 책임을 다하는 일이자 이상을 실현하는 과정입니다. 나는 이런 가정을 꾸리고 싶다 혹은 이런 세상을 만들고 싶다는 이상을 구현하기 위해 우리는 동료와 협력하고, 좀 더 노력하고, 후배를 격려하지요."

오하라는 고치현의 기업 및 대학과 손잡고 학습모임을 열어 이런 생각을 전국으로 확산시키고 있다.

## '그 노무라'마저 변했다

'최대'에서 '최우량'으로 목표를 조정하면서 고객과의 '시간 축'을 바꾸는 퀄리티 경영은 그 사이 크게 달라진 사회환경 덕에 많은 기업으로 확산되었다. 상징적인 사례가 "그 노무라가,"라는 말을 들을 정도로 대전환을 꾀한 증권업계 1위 노무라증권이다. 전통적으로 '영업의 노무라'라는 말로 불렸던 노무라증권은 영업본부가 선별한 상품을 전국에 일률적으로 팔던 전통적인 스타일을 포기했다. 만든 상품을 일제히 사도록 하는 일방통행식 사고방식에서 '고객에 다가가는 컨설팅형'으로 전환한 것이다.

그럼에도 고참 직원 하나가 "어차피 숫자가 나빠지면 지금까지 해 온 영업 방침으로 돌아갈 게 뻔해."라고 투덜거리는 것을 들은 사장은 간부들과 함께 전국 영업소를 누비면서 2년에 걸쳐 컨설팅형을 철저하게 확산시켰다. 게다가 매년 8월 3일, 전 직원에게 비디오를 보여주었다. 그것은 1990년대 주총꾼 이익공여사건 등 지금까지 노무라증권이 일으킨 사건들을 모은 영상이었다. '다시 한 번 더 이런 사건을 일으키면 회사는 살아남을 수 없다'는 의식이 희미해지지 않도록 단속하기 위함이었다.

보험업계 역시 컨설팅형으로 방향을 틀었다. 그 배경에는 구글 등 미국 IT 기업의 위협이 있었다. 그때까지 보험은 모집단에서 통계를 얻는 '대수大數의 법칙'을 전제로 했다. 모집단이 크면 클수록 적정한 보험료율을 산출할 수 있기 때문에 고객을 확대하는 쪽이 유리하다. 그러나 만약 구글처럼 세계적인 컴퓨터공학자를 갖춘 기업이 시장에 참여한다면 모수母數가 필요 없어진다. 대신 개인의 운전기록 등 개별 데이터를 분석해 손해보험상품을 만들면 된다. 그런 날이 온다면, 기존의 보험회사는 존속 불가능하다. 그래서 SOMPO홀딩스는 한 발 앞서 '다른 기업에게 파괴당하기 전에 스스로를 파괴한다'는 슬로건 아래, 그때까지 고수해온 비즈니스모델을 포기하고 디지털화한 상품 개발에 나섰다.

다만 퀄리티 경영을 도모하는 과정에서 주의할 게 있다. 품질 추구와 '열정페이'는 명확히 분리해야 한다는 것. 보람이라는 미명 하에 직원에게 장시간 노동이나 열악한 처우를 강요하는 회사들이 적지 않다. 그런 곳은 2000년대부터 '블랙 기업'이라는 이름으로 불린다. 구별 방법 중 하나는 경영자 쪽에서 "보람이 중요하다"고 말하는지 살피는 것이다. 그건 생각을 강요하는 나쁜 행위다. 직원 한 명 한 명의 자율적인 사고습관을 뒷받침하는 조직이 아니라면 예속 관계에 빠진다. 직원들이 스스로 성장한 뒤에야 고객과의 관계성 사고도 생겨난다. 경영자가 "우리는 최우량을 목표로 한다"고 백날 외쳐대도 예속을 요구한다면, 그곳은 진정한 퀄리티와 한참 동떨어진 기업이다.

2장

# 함께 가라, 그게 성공이다

### 후쿠오카 다이에 호크스의 '가쓰오부시 작전'

## 1999년, 후쿠오카 다이에 호크스 우승의 배후는?

후쿠오카 다이에 호크스는 1989년부터 2004년까지 존재한 일본 프로야구 구단이다. 어느 날 호크스의 전 구단 관계자와 만날 기회가 있었다. 맥주를 마시면서 야구 이야기를 나누었는데 그가 묘한 말을 했다. 20년 전인 1999년 오 사다하루王貞治 감독이 이끈 호크스가 일본 1위가 되었을 때의 이야기다.

"시즌오프 때였는지 다음 시즌이 한창일 때였는지 기억이 모호하지만 후쿠오카 돔(현 후쿠오카야후호크 돔)에 퍼시픽리그 각 구단 영업 부장들을 초대한 적이 있습니다. 스포츠지 기자들도 모르는 이야기일 텐데, 다른 구단의 부장급을 초대해 호크스가 우승에 이르기까지 구사한 경영 방법을 그들에게 가르쳐주었어요."

치열한 프로 스포츠 승부의 세계에서 라이벌 팀에게 내부 사정을 공개한다는 게 가능한 일인가?

1999년 재팬시리즈 1위에 오른 호크스는 2006년 3위가 될 때까지 7년 동안 세 차례 우승, 네 차례 준우승이라는 황금기를 구가했다. 관객 동원수도 2001년과 그 이듬해에 연간 300만 명을 돌파했다. 퍼시픽리그에서는 단연 돋보이는 숫자였다. 그러나 그 이전까지의 역사는 처참하기 그지없었다.

난카이 호크스가 팔려 후쿠오카 헤이와다이구장으로 이전한 것은 거품경기가 한창이던 1989년이었다. 난카이 시절, '프로야구 뉴스'로 늘 다뤄진 영상 중 하나가 휑뎅그렁한 오사카구장 외야석에서 야구 관람은 아랑곳없이 키스를 해대는 아베크족들의 모습이었다.

팀은 난카이 시절부터 선수 개인의 능력을 선호해 개성적인 선수들을 확보했지만 다이에로 팔린 후 프로야구 사상 최악이라는 20년 연속 B군을 1997년까지 이어갔다. 1993년에 후쿠오카 돔이 완공된 후 퍼시픽리그에서 유일하게 연간 관객수 200만 명을 넘었지만 차츰 하강곡선을 그리며 계속 적자만 냈다.

과거 후쿠오카는 세이테쓰 라이온즈의 본거지였다. 때문에 라이온즈가 도코로자와로 옮겨간 뒤에도 규슈에는 세이부 라이온즈의 팬이 많았다. 그러던 1996년 5월, 구단 간부들이 머리를 싸쥐는 사건이 발생했다. 당시 최하위였던 호크스는 닛세이 구장에서 열린 긴테쓰 버팔로즈와의 경기에서 역전패를 당했다. 그러자 화가 난 팬들이 경기

우승 헹가래에서 미소 짓는 오 사다하루 감독.

후쿠오카 돔에서, 2003년 재팬시리즈 우승을 하던 날의 풍경이다.

후 오 사다하루 감독과 선수가 탄 버스를 향해 달걀을 던진 것이다. 차례차례 버스 창문으로 날아든 날달걀의 수가 50개나 되었다고 한다. 구단으로서는 삼고초려해서 '야구계의 거물'을 멀리 규슈까지 모셔왔다는 생각만 하고 있었다. 성적이 나쁘다고 오 감독에게 그만두라고 할 수도 없는 처지에서 '달걀 투척사건'이 일어났다.

야구단만 모욕을 당한 게 아니다. 모기업인 다이에 창업자 나카우치 이사오 회장이 후쿠오카 경제계의 우두머리인 규슈전력을 방문하려고 했으나 부장급조차 약속을 잡아주지 않아 몇 개월을 기다렸다고 한다. 가격 파괴로 전후 유통혁명을 일으킨 나카우치 이사오조차 후쿠오카에서는 그런 취급을 받은 것이다.

사정이 이렇게 된 데는 연유가 있었다. 1980년대 다이에가 후쿠오카 시내 번화가인 덴진에 '쇼퍼즈 프라자'라는 대형 쇼핑몰을 열 때 나카우치가 지역의 기존 점포들을 향해 "잡초가 돋아날 정도로 덴진 상점가를 황량하게 만들겠다"고 말했다는 소문이 돌았다. 나카우치는 "그런 발언을 한 적이 없다"고 부인했지만 이 소문으로 인해 다이에를 싫어하는 지역 정서가 생겨버렸다.

따라서 지역 연고 프로야구팀 탄생 자체는 열렬히 환영하는 분위기였지만 호크스는 어딘지 모르게 지역사회에 녹아들지 못했다. 홈타운에서 남 취급을 받은 셈이다. 그리고 다음과 같은 이야기가 1998년에 시작된다.

## 더 이상 속일 수 없어진 프로야구 비즈니스

"나카우치 씨, 이러면 안 되지 않나!"

후쿠오카 돔에 인접한 '시호크 호텔&리조트' 35층 중식당 독실에서 터져나온 고성에 직원들은 본능적으로 발걸음을 멈췄다. 목소리의 주인공은 후쿠오카은행 상무였다.

그가 소리를 지른 상대는 나카우치 다다시. 나카우치 이사오의 차남으로 다이에 호크스 오너이자 이 호텔 소유주였다. 지금껏 호크스 운영을 지원해온 주거래은행 상무에 대해 직원들은 좋은 인상을 가지고 있었다. 그런 상무가 격한 어조로 오너를 질책하고 있었던 것이다. 호텔 직원들 사이에서 경영이 위험한 것 아니냐는 소문이 돌았지만 당시 호텔 영업부장으로, 훗날 구단 대표가 된 사토 겐지는 그때 일을 돌이켜 이렇게 말한다. "야구단은 다른 회사여서 경영 상태를 알 수 없었던 데다, 호텔 숙박가동률이 70퍼센트를 넘었고 결혼식 예약도 연간 700건이나 들어왔기 때문에 사실 호텔 소속 직원들에게 위기감은 없었습니다."

그 무렵 도쿄의 '영빈관'으로 불리는 다이에 건물에서 열린 그룹 기업 최고간부 '경영정책회의'에서도 대표이사의 질책이 터져나왔다. "후쿠오카 3종 세트가 무너지면 다이에는 어떻게 되느냐 말이다!"

야구단, 후쿠오카 돔, 돔에 인접한 시호크 호텔&리조트가 바로 '후쿠오카 3종 세트'였다. 그렇게 엮인 세 개 사업에서 경영 적자가 100

억 엔으로 불어났다. 그러자 1998년 봄 시즌이 개막했을 무렵 은행 쪽에서 돔에 어려운 과제를 통보한 것이다. "사업 계획을 지금 당장 다시 짜서 경영을 흑자로 돌릴 방안을 2년 안에 내주세요."

거품경제 붕괴 후인 1990년대로 접어들며 그룹 사업의 토대인 다이에의 경영이 악화됐다. 그렇다고 모기업의 경영 환경 탓에 후쿠오카 3종 세트가 위기에 처한 것은 아니었다. 본래 후쿠오카 3종 세트라고 불린 사업은 일개 기업이 감당하기에는 너무 큰 규모였다는 이야기를 나카우치 이사오 측근이던 인물에게서 들은 적이 있다. 1993년에 후쿠오카 돔을, 1995년에 시호크 호텔을 완성했는데 그 사업비가 무려 1,700억 엔이었다. 당초에는 '트윈 돔'을 구상했는데, 실현되지 않은 구상안까지 포함하면 전체 사업비는 4,800억 엔에 이른다. 거액을 들여 시설을 만들어놓으면 자동으로 돈이 들어오겠거니 계산했을지 모르지만, 자칫 기업을 무너뜨릴 수도 있는 무모한 사업이었다.

시대 환경이 크게 바뀐 데다 다이에 모기업의 경영 악화까지 겹치면서, 일본 프로야구가 애써 외면해온 구단 경영 문제가 수면 위로 드러난 것이라고도 말할 수 있다.

당시 일본 프로야구는 야구만으로는 경영이 불가능했다. 요미우리 자이언츠만은 별개여서, 자이언츠와 경기를 하는 센트럴리그는 TV 방영권료를 통해 얼마간 이익을 보았다. 하지만 어느 구단이나 실질적으로는 적자라 자력으로 존속할 수 없는 구조였다. 모기업의 광고

홍보 비용으로 그 손실을 충당한다는 걸 세무 당국도 인정하고 눈감아줄 정도였다.

그런 구조가 가능했던 건 모기업이 영원히 성장해 나간다는 대전제가 있었기 때문이다. 가령 우승 경쟁으로 매일같이 구장이 관객으로 가득 찬다고 해도 입장료 수입이라는 파이는 좌석수 이상으로 늘지 않는다. 그런데도 선수 연봉은 미국 메이저리그와 같은 수준으로 치솟았다. 구단 측은 모기업의 적자 보전을 당연하게 여겨 입장료와 방영권료 이외 수익을 늘리려는 노력조차 하지 않았다. 오래지 않아 누군가는 무너질 것이 뻔한, 문자 그대로 프로 스포츠로 지속가능한 비즈니스가 아니었다.

그나마 모기업이 성장을 계속한다면 어떻게든 유지할 수 있었다. 하지만 1998년 은행의 최후통첩을 받은 후쿠오카 다이에 호크스는 현실을 직시해야 했다.


## 리쿠르트 출신 아재가 호텔 재건을 한다고?

"그놈을 한 달 안에 내쫓겠다." 1998년 4월, 야스다 히로아키는 부하 직원들에게 이렇게 큰소리를 쳤다. 당시 야스다의 직책은 후쿠오카 돔 및 시호크 호텔 총지배인 겸 영업본부장. 그가 지목한 '그놈'은 무급으로 부사장에 취임한 고쓰카 다케시였다.

한 달 전 다이에 창업자 나카우치 이사오는 다이에 본사로 고쓰카를 불러 "후쿠오카를 도와주면 좋겠다"고 부탁했다. 고쓰카는 리쿠르트가 매수한 이와테현의 모리오카 그랜드 호텔을 폐업 직전에서 살려낸 전력이 있었다. 리쿠르트 출신 고쓰카에게 후쿠오카 3종 세트 재건을 맡긴 것이다.

그러나 야스다는 직원들에게 이렇게 말했다. "당신들, 고쓰카가 상사이지만 그의 지시 같은 건 따르지 않아도 좋다. 리크루트의 아재가 무슨 호텔 재건을 하겠다고." 총지배인 겸 영업본부장이 앞장서서 '반고쓰카'의 횃불을 든 판국이니 아무도 후쿠오카공항에 도착한 고쓰카를 마중나가지 않았다. 경영 재건을 통보한 은행도 마찬가지였다.

"고쓰카 씨, 후쿠오카를 얕보는 겁니까?" 은행 측도 고쓰카에게 심한 말을 했다. 고쓰카가 모리오카 그랜드 호텔 경영을 포기하지 않은 채 후쿠오카 3종 세트 재건에 나서보겠다고 말했기 때문이다. 모리오카와 후쿠오카는 도시의 규모부터가 다르다. 그러니 두 개의 호텔에서 동시에 경영자로 일하겠다는 말 자체가 불쾌할 수밖에.

그러나 고쓰카는 이렇게 대답했다. "괜찮습니다. 저는 하루 3시간밖에 자지 않고 나머지 시간에는 현장에서 일을 합니다. 그러니까 깨어 있는 시간의 절반은 후쿠오카에 있지 않아도 보통 사람과 비슷한 정도로 일하는 셈이지요."

고쓰카가 웃으면서 이렇게 대꾸하니 은행이나 야스다 영업본부장은 '너, 계속 지켜볼 테다'라는 표정으로 말없는 적의만 드러냈다. 당시 41세였던 야스다는 그때를 이렇게 돌이켰다. "후배 직원들이 저에게 계속해서 고쓰카의 정보를 가져왔습니다. '지금 고쓰카가 사무실로 들어갔습니다'라든가 '지금 고쓰카가 어느 사장과 밥을 먹고 있습니다'라는 식으로 그의 일거수일투족이 보고된 것입니다. 그러나 가져온 정보는 죄다 밤중에 나카스 거리에서 회식을 마친 뒤 호텔로 돌아가 시호크 호텔 내 전체 부서를 살피며 돌아다니고는 새벽 2시 넘어서 자기 방으로 돌아갔다는 내용으로 마무리됐습니다. 그러고는 아침 6시에 방을 나와 조식 식당에서 스태프 전원에게 인사를 하며 다니는 데다 '지금 고쓰카가 손님 접대를 하고 있습니다'라고 연락이 오는 겁니다. 그런 상황이 며칠이고 계속되었습니다. '이놈 도대체 뭐야?'라는 생각이 들 즈음, 직원들이 하나 둘 고쓰카에게 저에 대한 불만을 털어놓기 시작한 겁니다. '최근에 야스다는 한 번도 현장에 오지 않았다'는 식으로 말이죠."

젊은 스태프들로부터 야스다에 대한 불만을 전해들은 고쓰카는 이렇게 대답했다고 한다. "그럴 리가요. 게다가 일전에 야스다 씨와 이야기를 나눴는데, 야스다 씨가 당신에 대해 의욕 있고 열정적이라고 칭찬하던걸요."

야스다의 기억에도 없는 이야기로 자신을 옹호한 것이다. 그뿐 아니었다. 야스다에게 들어오는 정보에서 다음과 같은 내용이 나오자 마침내 그는 두 손을 들고 말았다. "오늘 고쓰카와 이야기를 나눴는데 야스다 씨를 매우 칭찬했습니다." 야스다가 쓴웃음을 지으며 기억을 되살렸다. "고쓰카를 쫓아내려던 계획을 포기했어요. 고쓰카는 정말로 하루 3시간밖에 자지 않았습니다. 그 외 시간에는 일만 했지요. 직원들을 칭찬하고 칭찬하고 또 칭찬하고 다니며 부서 간 장막을 무너뜨리고 사람 관계를 연결시켰습니다."

사실 고쓰카라는 인물을 한마디로 평가하기는 어렵다. 지금도 그의 방식을 지지하는 사람들은 많지만, 남녀 불문하고 누구든 껴안는 습성 때문에 훗날 다이에 본사와 갈등할 때에 여직원에게 '성추행'으로 고발당해 경찰에 체포되었다. 후쿠오카를 떠난 뒤 병으로 쓰러져 오랫동안 투병하던 그는 2017년에 세상을 떠났다. 그러니 이제 본인에게서 진솔한 이야기를 들을 수도 없다.

그러나 나중에야 깨달은 것이 있다. 단기간이지만 고쓰카가 1999년 다이에 호크스에 가져온 건, 실은 야구와 관계없는 리크루트의 기업문화와 성장모델이었다. 호크스의 방식은 이후 프로야구 구단뿐 아니라 다른 스포츠 운영으로까지 확산되었는데, 그 원류가 바로 리크루트였던 셈이다.

'성추행 체포'라는 놀라운 사건과 함께 그는 바람처럼 후쿠오카를 떠나갔다. 그의 인간상과는 별개로 세상을 떠난 후 주위에서 들었던 이야기를 통해 그의 비즈니스 방식에 초점을 맞추려고 한다. 취재를 하면서 맨 처음 나를 당황시켰던 것은 '우승'을 표방하던 고쓰카가 실제로는 야구 규칙조차 몰랐다는 사실이었다.

## 선수 평가 방식을 확! 뜯어고친 후…,

이 사람 혹시 바보가 아닐까…. 고쓰카의 언행을 보면서 "바보 아냐?"라는 말이 목구멍까지 올라온 사람이 적지 않았다고 한다. 규슈 전력이든 후쿠오카은행이든 그 지역 경제계의 비중 있는 인물을 만날 때마다 "저는 운이 따르는 사람이거든요. 제가 왔으니 다이에 호크스는 반드시 우승합니다."라는 말을 입버릇처럼 달고 다녔기 때문이다.

그는 주머니에서 수첩을 꺼내 "한 번 보시라니까요." 하며 숫자를 들이댔다. 자신이 모리오카에 머물 때와 후쿠오카에 머물 때의 호크스 승률이었다. "제가 후쿠오카에 머물면 승률이 80퍼센트로 올라간다니까요." 여기서 주목할 것은 그저 상대의 비위를 맞추는 화법이 아니라 그가 늘 숫자를 끄집어냈다는 점이다.

결론부터 말하면 누구나 믿어 의심치 않는 상식을 그는 늘 숫자로 무너뜨렸고, 그것으로 선수 평가 방법까지 바꿨다. 야스다가 당시를 돌이켜 말했다. "숫자에 매우 강했던 그는 점수기록원을 불러 12개 구단의 도루 성공률을 뽑아오라고 시켰습니다. 그랬더니 모든 구단이 70퍼센트 이상의 확률로 도루에 성공했습니다. 그러자 고쓰카가 '70퍼센트 이상의 확률로 성공하는데 왜 도루를 하지 않는가?'라고 묻는 겁니다. 12개 구단 중에서 가장 도루를 하지 않는 팀이 요미우리 자이언츠이고, 그 다음이 다이에였습니다."

야구를 모르는 고쓰카로서는 성공 확률이 높은 작전을 실행하지 않는 게 도무지 이해되지 않았다. 야구 팬이라면 선수들이 섣불리 도루하지 않는 이유를 잘 안다. 타자가 3번이나 4번 주포일 경우 '내가 타석에 있는데 쪼르르 달리지 말라'는 암묵적 신호를 보낸다. 게다가 실패하면 관중석에서 야유가 쏟아지고 벤치로 돌아가도 "기회를 놓쳐버렸다"는 비난을 듣기 십상이다.

그 사실을 전해들은 고쓰카는 평가제도를 뜯어고쳤다. 연간 50퍼센트로 도루에 성공한 선수의 경우 실패한 도루까지 성공으로 계산했다. 즉 도루를 많이 해서 50퍼센트 성공률을 유지하면, 도루하다 아웃당한 횟수까지 성공으로 간주해 연봉에 반영한 것이다. 도루 시도 자체를 높이 평가하기. 이 방식이 1999년에 그리 성과를 내지 못하자 젊은 선수에게 몰래 용돈까지 줘가며 더 많이 도루를 하라고 부추겼다. 이렇게 해서 나중에 젊은 선수인 가와사키 무네노리가 도루왕에 오르는 등 호크스는 도루를 많이 하는 팀으로 거듭났다.

다음으로 주목한 것은 평균타율이다. 프로야구 주전선수라면 어느 구단에서든 2할 5푼 이상의 타율을 기록한다. 그런데 유독 선수들의 타율이 낮아지는 경우가 눈에 띄었다. '2아웃, 주자 1루'인 상황에서 대다수 타자의 타율이 낮아진다는 사실을 고쓰카가 숫자로 확인한 것이다.

그는 이와 관련해서도 색다른 평가제도를 도입했다. 본래 2사 1루 상황에서는 장타를 쳐서 타점을 얻지 않으면 평가에 득이 되지 않는다. 2할 5푼의 확률로 안타를 칠 수 있는데도 2사 1루일 경우 홈런 등 장타를 노리기 때문에 타율이 낮아지는 건 아닐까? 단타로 출루해도 2사이기 때문에 잔루로 남기 십상이고, 이런 상황은 평가에 도움이 되지 않을 뿐 아니라 자칫 감독의 지시가 나쁘다는 비판까지 나온다. 이 사실을 알고 난 고쓰카는 기존의 평가 방법 자체를 바꿨다. 타점을 얻지 못해도 단타로 출루한 뒤 다음 타자가 안타를 쳐서 득점이 되면 평가에 반영한 것이다. 말하자면 결과를 내는 과정 자체를 평가하는 시스템이었다.

출루를 독려하는 배팅은 곧바로 결과를 냈다. 호크스는 2사 1루일 때 팀타율이 3할을 넘었고, 그것이 우승에 큰 기여를 했다.

## 남에게 보이는 것이야말로 최고의 학습

"도대체 매일 얼마나 많은 자리를 겐카이나다(현해탄)에 내다버리는 꼴이냐."

고쓰카는 입버릇처럼 그렇게 말했다고 한다. 야구장의 빈자리는 돈을 바다에 버리는 것과 같다는 의미였지만 야스다는 반발했다. 매 경기 관중 2만 명 이상에, 퍼시픽리그에서는 1위였기 때문이다. 야스다가 당시를 이렇게 회상했다.

"고쓰카 씨는 바다에 버릴 상황이라면 후쿠오카 돔을 만원으로 만들자며 초대권을 나눠주도록 했습니다. 다만 무작정 나눠주기만 해서는 안 되고, 초대권을 나눠준 경기는 반드시 만원 관중을 기록해야 한다는 전제가 붙었습니다. 초대권을 받은 고객이 왔는데 빈자리가 눈에 띄면 '원래 텅 빌 경기여서 그냥 마구 뿌리는 것이었구나.' 생각한다는 겁니다. 반면 초만원인 상황이라면 초대권의 가치는 올라가죠. 그러므로 어떤 경기의 초대권을 주기로 하면 그 규모가 2,000~3,000명 정도가 아니었습니다. 가령 니시닛폰신문사에 갈 때는 초대권이 가득 찬 박스를 끌어안은 채 '이거 사장님께서 직접 아랫사람들에게 '가끔은 가족과 함께 야구장에 가서 즐기고 오지 않겠나.' 하고 말하며 나눠주시지 않겠습니까?' 부탁까지 하면서 대량으로 전달했습니다."

하지만 이런 방식에 대해 티켓 책임자는 강하게 반발했다. 열심히 영업해서 연간 예약석을 판매했는데 무료 초대권이 대량으로 배포되면 그 고객들이 화를 낼 게 뻔했다. 고쓰카는 "제가 책임지고 야단맞을 테니."라고 말했지만 그래도 납득하지 못하는 직원이 많았다.

앞서 등장한 사토 겐지가 당시를 회상하며 말했다. "의외로 많은 사람들이 초대권을 받아놓고도 야구장에 가지 않지만, 막상 가서 야구를 직접 보면 아주 즐거워합니다. 한 번이라도 직접 가서 보게 만드는 것이 그래서 중요하죠. 맥주와 도시락 판매도 큰 부분입니다만, 직접 경기를 보는 게 TV로 시청할 때보다 재미있다는 사실을 알고 나면 누군가에게 그 이야기를 하고 싶어지고, 그렇게 사람이 사람을 부르는 겁니다." 순수하게 야구를 즐기도록 하자는, 스포츠 비즈니스의 원점으로 다가간 것이다. 게다가 만원 관중이 모이면 선수는 관중의 눈에 '비치는' 자기 모습을 통해 가장 효율적으로 학습한다. '뵈주는 것이 가장 큰 교육이고, 보여지는 것이야말로 최대의 학습'이라는 게 고쓰카의 신조였다고 한다.

고쓰카는 야스다에게 "야스다, 2군 선수 격려를 위해 만원 관중이 모인 후쿠오카 돔에서 매년 한 번이라도 좋으니 2군 경기를 치릅시다."라고 제안했다. 남들의 시선을 의식하며 급성장하는 것이 2군에 있는 젊은 선수들이다. 티켓은 2,000엔 균일. "젊은 선수들이 땀 흘리며 열심히 하는데 여러분 꼭 티켓을 사서 응원하러 와주세요."라며 기업을 상대로 표를 팔기 시작했다.

드디어 4만 8,000석을 모두 팔았다고 보고하자 고쓰카는 엉뚱하게도 "야스다, 그래선 안 돼."라고 대꾸했다. "당일 오지 않는 사람도 있을 테니 6만 석을 팔아야 해." "무슨 말을 하십니까?" 야스다가 반문했지만 곧바로 영업부대가 움직여 6만 석을 판매했다. 그러자 고쓰카는 머리를 좌우로 흔들었다. "안 돼. 8만 석을 팔아야 해."

그렇게 해서 야스다와 직원들은 2군 경기 티켓을 이례적으로 8만 석이나 팔았다. 여기에는 노림수가 있었다. 그 경기는 도쿄돔에서 열리는 요미우리 자이언츠 경기와 고시엔 구장의 한신 경기가 없는 날을 택했다. 다이에 호크스 1군은 원정 경기를 위해 떠나고 없었다. 그러면 그날 12구단이 치르는 어떤 경기보다 후쿠오카 돔에서 열리는 2

군 경기 관객동원수가 많게 된다. 8만 석 티켓이 다 팔린 뒤 퍼시픽리그 사무국과 커미셔너, 언론을 초대했다.

다만 한 가지 걱정이 남았다. 자리가 없어서 들어가지 못하는 고객에게는 어떻게 대처하려 한 것일까? 야스다가 설명했다. "좌석이 부족해 들어가지 못한 고객에게는 죄송하다는 말과 함께 후쿠오카 돔에서 가장 잘 팔리는 다이에와 세이부 간 4,800엔짜리 경기 티켓 및 호텔숙박권, 음료권 등을 준비해 2,000엔짜리 2군 경기 티켓과 교환해주기로 했습니다." 한 술 더 떠서 고쓰카는 이렇게 말했다고 한다. "야스다, 당신이 고객에게 두드려맞아. 왜 들여보내 주지 않느냐고 화내는 고객에게 맞으라고. 거기에 유리라도 깨지거나 하면 하룻밤 사이에 NHK 뉴스로 전국에 방송될 거야. 다이에 호크스 2군 경기가 관람석이 모자랄 정도로 대성황을 이루었다면서."

실제 당일에는 태풍의 영향으로 자리가 모자라는 사태는 피했다. 그러나 필드로 나온 2군 선수들은 후쿠오카 돔의 관람석이 사람들로 가득 차 있는 것에 놀랐다. 최고의 무대에서 젊은 선수들이 신나게 경기를 펼쳤던 것이다.


"고쓰카 씨의 개혁만으로 호크스가 우승한 것은 아닙니다." 구단 관계자 중에는 이런 투로 말하는 사람도 있었다. "선수들을 지휘한 건 오 감독이지 고쓰카 씨가 아니죠. 게다가 안티 고쓰카 선수도 많았고, 뭐니뭐니 해도 강해진 건 선수들의 실력입니다."

맞다. 오 감독뿐 아니라 1999년에 갑자기 숨진 '야구계의 보이지 않는 손'이자 총매니저였던 네모토 리쿠오 전 감독의 선수 육성 및 전력 보강, 코치들의 노력이 더해지며 조지마 겐지 등 스타 선수들이 성장한 것이야말로 가장 큰 우승 요인이다. 게다가 평가제도가 바뀐 탓에 연봉이 줄어 불만을 품은 선수나 스태프도 있었다.

특히 1999년 우승 주역이자 에이스였던 구도 기미야스는 계약 변경으로 구단 운영진과 충돌하면서 자이언츠로 이적했다. 2003년에는 팀의 얼굴이었던 고쿠보 히로키가 떠났다. 스타 방출은 팬에게는 충격이었다. 하지만 당시 구단 스태프 중 한 명이 이런 말을 전했다. "일본 최고가 됐는데도 구도가 나간 이유는 언론에 보도된 것과 다릅니다. 당시 '자네가 등판하는 날에 관객동원수가 적다'고 구단 쪽에서 말했기 때문이라는 보도가 있었지만, 사실은 '구단이 제시한 안건을 받아들이지 않으면 떠나는 수밖에 없다'고 통보했기 때문입니다. 고액 연봉을 받는 스타 선수가 떠난 뒤 구단이 자금난에 허덕이면서도 7년 동안 우승 세 차례, 준우승 네 차례를 거둘 수 있었던 것은 평가제도를 바꿔 늘 새로운 스타 선수를 발굴해내는 구조를 갖추었기 때문이라고 생각합니다."

홋카이도 니혼햄 파이터즈가 다르빗슈 유 등 주력선수를 붙잡아두지 않고 방출한 것도 다이에 호크스와 비슷한 방식이었다. 팬들에게는 '팀의 얼굴'을 잃는 안타까움이자 구단 운영에 분노할 만한 사건이다. 그러나 다른 한편으로 관객이 없던 퍼시픽리그가 일본 프로야구

판도를 바꾸어가고 있다는 사실은 부인할 수가 없다.

이제, 호크스 도전의 핵심 부분을 이야기할 차례다.


## 지역사회 깊숙이 스며들어라

은행 통보를 받은 이듬해인 1999년, 수지를 개선한 상징적인 사건이 있었다. 그해 시즌 중 다이에 호크스는 팀 로고와 캐릭터 등 브랜드 자산을 무료로 공개했다. 통상 이런 캐릭터를 사용할 경우 구단에 비용을 지불하는 게 상식이다. 호크스에 들어오는 로열티(저작권료) 수입만 약 5억 엔이던 시즌도 있었다.

"무료로 풀다니, 그러면 구단 수입이 없어지는 것 아닙니까? 이럴 거면 다이에는 뭣 하러 구단을 갖고 있는 겁니까?" 여기저기서 반대 목소리가 터져나왔다. 야쓰다도 반대 목소리를 낸 사람 중 하나였다. 그런 그에게 고쓰카가 이렇게 말했다고 한다. "야스다, 그런 걸로 돈을 벌어 기쁜 쪽은 다이에뿐이에요. 다이에가 이겨도 다이에만 기뻐서는 절대 지역과 융화할 수 없어요. 무료 공개하겠습니다."

사실 로열티를 통한 수익은 경비가 전혀 들지 않는다. 비용도 노력도 들지 않는 수익이다. 그 5억 엔을 버리자 예상 밖의 일이 일어났다. 제일 먼저 다이에의 경쟁업체인 지역 대형백화점 이와타야가 백중 대목에 '호크스 응원 세일'을 시작했다. 현수막, CM, 전단에 호크스 캐릭터가 넘쳐난 것이다.

　구단 측은 재빠르게 '승리 대비 기획'을 내놓았다. 호크스가 경기에서 이길 경우 맥주 한 잔을 무료 제공하거나 상품할인 서비스를 실시할 상점을 모으는 것이었다. 선술집이나 식당 등 동참하는 가게가 호크스의 로고와 캐릭터를 사용하면서 '승리 대비 기획'이 순식간에 확산됐다. 거리는 호크스 로고로 뒤덮였다.

　도시 전체가 호크스를 응원하고, 경기에 이기는 날이면 팬들이 거리에 쏟아져 나와 지역이 윤택해진다. 과거 나카우치 이사오가 '덴진 상점가를 황량하게 만들겠다'던 헛소문이 확산된 것과 반대로 자신의 돈벌이밖에 생각하지 않는다고 여기던 다이에가 로열티 무료 공개라는 방법을 통해 지역 전체를 활성화하는 지역 밀착형으로 바뀐 것이다. 훗날 인터넷 사회에서 실현되는 '크리에이티브 커먼스 라이선스'의 선구가 20세기 마지막 해에 후쿠오카에서 일어난 것이나 다름없었다. 'CC' 마크로 알려져 있는 크리에이티브 커먼스는 저작권자가 권리를 개방해 재이용은 물론 경우에 따라 고치거나 가공해서 보급하는 것도 장려한다. '세계 모두가 함께 쓰자'는 정신이라고 해도 무방하다.

　지역사회와 가까워지자는 발상 아래, TV 방송사와 교류하는 방식도 바꾸었다고 야스다는 말한다. "리그에서 우승해 재팬시리즈에 나가면 각 방송사가 방영권 쟁탈전을 벌입니다. 첫 경기는 우리가 방송하도록 해달라, 두 번째 경기는 우리가 맡겠다는 식이죠. 그런데 고쓰카 씨가 막 시즌이 시작되던 단계에 지역 TV 중 한 곳을 찾아가 재 팬시리즈 첫 경기를 당신들이 방송해주면 좋겠다고 말한 것입니다. 당연히 방송사 쪽에서는 '네? 뭐라고요? 그래도 괜찮겠습니까!'라며 반색했습니다. 방영권을 따지 못하면 전국 네트워크의 중심 방송사 회의에서 질책을 받기 때문입니다. 우승 여부를 떠나 시리즈 개막 전 에 구단 측이 그런 제안을 해왔으니 방송사는 호크스를 열렬히 응원 했죠. 가령 바다와 산 풍경을 보여주던 날씨예보가 돔 구장이나 시호 크 호텔 영상으로 바뀌고, 호크스 특별프로그램을 제작하는 식으로 TV가 자꾸 응원하기 시작한 겁니다."

지역 밀착의 심리전에는 선수도 큰 역할을 했다. 고쓰카는 오쿠보 에게 이런 부탁을 했다.

"오쿠보 씨, 다음번 수훈선수 인터뷰에서는 '오늘은 팬 여러분의 성원으로 홈런을 칠 수 있었다'고 말해주지 않겠습니까." "예? 왜요?" "제발 그래 주면 좋겠습니다." 경영진의 부탁이므로 거절하기도 어려 웠다. 그때까지 수훈선수 인터뷰는 "슬라이더를 노리고 있었는데 마 침 그 공이 들어와서 홈런을 칠 수 있었습니다." 등등 아나운서의 질 문에 대해 즉답을 하는 게 일반적이었다.

한편 후쿠오카 돔의 응원단에게는 이런 부탁을 했다. "오쿠보가 수 훈선수 인터뷰에서 '팬 덕분에 칠 수 있었다'라고 말하면 꽹과리와 큰 북을 쳐서 분위기를 돋워주세요." 수훈선수 인터뷰를 돔의 대형 스크 린에 내보내고, 방송사에도 그 모습 전체를 방송해주도록 부탁했다.

실제로 오쿠보가 수훈선수 인터뷰에 등장해 "팬 여러분 덕분에 홈런을 칠 수 있었습니다."라고 말한 직후, 가장 놀란 사람은 오쿠보 자신이었다. 평소보다 몇 배나 더 큰 환성이 터져나왔기 때문이다. 오쿠보뿐 아니다. 다른 선수들도 그 광경에 감동했다. 조지마 등이 흉내를 내기 시작했고 대부분의 선수가 "팬 여러분 덕분에 이길 수 있었습니다!"라고 관중석을 향해 목소리를 높였다. 이런 상황이 정착하면서 그 영상이 관중을 모으는 선전에 다시 활용되었다.

"이런 사례들은 일일이 셀 수 없을 정도지요." 당시 구단 관계자는 그 일을 회상하며 웃었다. 팀의 1승을 '고작 1승'으로 만드는가, '그래도 1승'으로 만드는가의 문제였다. 단순히 '승리'로 끝내지 않고 '1승'의 가치를 최대로 확산해갔다. 야구의 1승을 지렛대 원리를 이용해 지역 전체로 넓힌 후 그것이 다시 구단 운영으로 돌아오도록 했다. 이것이 레버리지로 작용해 모두를 일으켜 세운다는 사실을 알고 나자 앞서 들었던 수수께끼가 풀렸다. '퍼시픽리그 다른 구단에 비법을 전수했다'고 하던 그 비법이란 '구단을 이용한 지역 활성화'를 의미했다.

퍼시픽리그는 어느 구단 가릴 것 없이 경영에 어려움을 겪어서, 모기업의 지원이 없으면 존속이 어려운 상황이었다. 그러나 앞서 말했듯 일본에서 야구는 국민스포츠이고 야구장에 와서 직접 경기를 보면 훨씬 더 재미있다. 그런 맥락에서 고쓰카가 꾀한 전략은 요즘 흔히 말하는 '지방 부흥'의 엔진이었던 셈이다.

후쿠오카뿐 아니라 규슈 전체를 호크스라는 엔진을 이용해 하나로 묶은 뒤 바로 그 호크스를 이용해 장사하게 만든다는 발상이었다. 퍼시픽리그 전체 구단이 홈그라운드 지역을 활성화시킨다면 지역도, 퍼시픽리그 자체도 부흥할 수 있다. 요미우리 자이언츠 경기에 의존하는 센트럴리그에 대항하기 위해 스포츠로 지역을 연대하자는 생각이었다.

그런가 하면 '후쿠오카 3종 세트'의 하나인 시호크 호텔 역시 '지역 밀착형'으로 전략을 바꾼 뒤 수지를 크게 개선했다. 그 방법이 다음에 소개할 '가쓰오부시 정신'이라는 평가제도였다.


## '가쓰오부시처럼 일하라.'

호크스가 로열티 수입을 버리는 '사고방식의 전환'으로 성공한 것처럼 시호크 호텔도 1년 사이 개혁을 위해 버린 것이 있었다. 채산성이 낮은 부문을 버리는 방식이 아니라 사원 평가제도를 바꾼 것이다. 당시 호텔은 숙박, 혼례, 그리고 25개 식당의 음료 및 연회를 담당하는 식음료 부문이 따로 회계를 작성하면서 서로 경쟁했다. 흔히 호텔의 평가제도라고 하면 숙박 가동률과 매출이 그 대상이다. 이것을 폐지한 고쓰카는 다음과 같이 지시했다.

"가쓰오부시가 되어주세요." 가쓰오부시처럼 스스로 몸을 깎아 국

후쿠오카 3종 세트의 주축이었던 호텔과 돔구장.

운영 주체와 이름은 바뀌었지만 지금도 여전히 후쿠오카의 랜드마크로서 사랑받고 있는 시호크 힐튼 호텔과 후쿠오카 돔구장.

물을 우려내 달라는 의미였다. 다시 말해 확실한 이익이 예상되는 혼례 부문을 위해 다른 부분이 몸을 깎아달라고 그는 주문했다.

결혼식은 참가자 숫자를 사전에 알 수 있는 데다 하루 2~3회전이 가능하다. 결혼식을 주력상품으로 만들기 위해 숙박도 연회도 혼례 손님을 우선적으로 지원하는 일. 그 점을 평가 대상으로 삼았다.

가령 결혼박람회를 열면 결혼식장을 찾는 커플이 구경하러 온다. 그런 커플들에게 1박에 20만 엔 넘는 스위트룸을 보여준 뒤 "어떻습니까, 바다가 아름답지요. 피곤하실 테니 괜찮으시다면 오늘 하룻동안 이곳을 자유롭게 이용해주세요."라며 제공하는 것이다. 고객이 놀라서 "아, 갈아입을 옷을 가져오지도 않았고…."라고 머뭇거리면 "점심은 호텔의 철판구이가 맛있습니다."라면서 음식까지 무료로 제공했다. 200~300만 엔 드는 결혼식 비용에 비하면 스위트룸의 원가는 청소비뿐이고 철판구이 역시 마찬가지다. 이런 식으로 방을 이용한 고객은 십중팔구 다른 호텔을 보러 갈 생각조차 하지 않는다.

이렇게 결혼식을 올린 커플이 신혼여행에서 돌아오면 다시 호텔 식당이 나서서 접대를 했다. 이 정도까지 신경을 써서 대접할 경우 그 효과는 매우 높아진다. 신랑 신부의 친구나 친척 중 결혼을 앞둔 사람이 생길 때, 그들은 자신 있게 "시호크 호텔이 아주 좋아."라고 추천할 수 있다. 고객의 마음을 헤아리면 당연한 아이디어이지만 1엔이라도 더 벌겠다는 '악착'에 사로잡힐 경우 좀처럼 떠올리지 못할 생각이다.

여기서도 '지역 밀착'이라는 모토가 적용되었다. 지역 기업, 지역 주민이 '경사스런 날'에 이용하는 호텔로 만들어간 것이다. 필요한 물품 조달처도 모두 지역 기업으로 바꿨다. 설령 도쿄의 기업에서 납품 받는 편이 싸더라도 지역 기업을 우선했다. 경영난에 빠진 회사에는 현금으로 1개월치를 선지급했다. 지역을 동료로 간주한 것이다. 이렇게 하자 2000년도 결산에서 후쿠오카 3종 세트의 전체 매출이 증가했고, 경상손실을 100억 엔대에서 3억 엔으로 확 줄였다. 은행의 태도가 달라진 것은 말할 것도 없다.

1999년 호크스가 우승하자 서두에서 말한 것처럼 고쓰카가 다른 구단 영업부를 돔으로 초청했다. "숨길 게 아무것도 없으니 다 보고 가세요." 이렇게 말하면서 그는 돔 내부를 안내하고 구단의 심장에 해당하는 티켓 룸부터 발권 상태 및 매니지먼트 방법까지 모든 것을 공개했다고 한다.

당연히 초대받은 쪽은 '무언가 속이는 게 있지 않을까?' 하고 경계하는 표정이었다. 그러자 고쓰카는 "지금부터 자유롭게 돔을 둘러보시고 궁금한 게 있으면 무엇이든 질문해주세요."라며 상대가 기분 나쁠 정도로 당당한 태도를 보였다. 하지만 아르바이트 스태프에게 돌발 질문을 했을 때도 그들이 스스럼없이 업무 내용을 알려주자 상대가 오히려 놀랄 정도였다고 한다.

그러나 새롭게 대두한 큰 벽이 그들 앞을 막아선다. 2004년, 일본 프로야구 자체가 기로에 선 것이다.

## 프로야구의 '신구 가치관'이 충돌했다

2004년 6월, 구단 경영 유지 곤란을 이유로 긴테쓰 버팔로를 오릭스 블루웨이브로 매각하자는 구상이 수면 위로 떠올랐다. '일본프로페셔널야구협약'에서는 한 구단의 선수가 70명 이하여야 한다고 규정하고 있다. 때문에 매각으로 합병될 경우, 약 70명의 선수가 일자리를 잃을 수밖에 없었다. 일본프로야구선수협회는 야구협약에 명시된 대로 '특별위원회'를 만들자고 요구했다. 그러나 선수협회장인 후루타 아쓰야가 "구단주와 논의하는 자리를 갖고 싶다"고 요청했을 때 자이언츠 구단주 와타나베 쓰네오가 "일개 선수 주제에…."라며 거부하면서 여론이 들썩이기 시작했다.

선수협회가 합병을 1년 간 유보하도록 요구하는 와중에 또 한 가지 문제가 불거졌다. 긴테쓰가 없어지는 것을 계기로 리그를 통합하자는 안이 본격적으로 논의된 것이다. 세이부 라이온즈의 쓰쓰미 요시아키 구단주, 자이언츠의 와타나베 쓰네오 등이 앞장선 단일 리그 구상은 퍼시픽리그 구단 측의 '자이언츠 경기 방영권과 관중 수입'이라는 노림수가 맞아떨어지며 점점 더 구체화됐다.

"일개 선수 주제에…."라는 선수 멸시성 발언, 긴테쓰 해산, 단일 리그 구상이라는 문제가 뒤섞이며 선수협회는 일본 프로야구 사상 초유의 파업에 돌입했다. 당시 호크스 구단 대표였던 사토 겐지는 12개 구단 대표자회의 및 퍼시픽리그 회의에 참석하기 위해 후쿠오카와 도쿄를 오갔다. 사토는 "선수협회의 후루타 회장이 단일 리그 구상과는 반대로 '20개 구단 정도 있는 게 좋다'는 발언을 했는데 나 역시 그게 맞는다고, 팀이 많은 쪽이 오히려 지역 활성화에 도움이 된다고 생각했습니다. 다만 나는 회의에서 그 말을 할 용기가 없었습니다."라고 당시를 돌이켰다.

호크스가 후쿠오카에서 성공했듯 다른 팀도 틀림없이 잘될 거라고 확신한 사토는 구단 대표들에게 후쿠오카의 관중 동원법을 이야기했지만 귀담아 들을 만한 상황이 아니었다. 게다가 다이에가 경영난에 빠지며 호크스 구단 역시 본사와 대립하는 상황이 빚어졌다.

결국 2004년의 프로야구 소동은 라쿠텐 골든이글스라는 새 구단 탄생으로 수습되었지만 그 해에 일어난 일련의 사건은 신구 가치관이 대립한 것이라고 봐도 무방할 듯하다. 특히 자이언츠 경기 수입과 방영권을 기대한다는 사고방식은 그야말로 낡은 시각이었다. 사태는 센트럴·퍼시픽 교류전이라는 형태로 일단락됐으나 이후 자이언츠 경기는 시청률이 급속히 떨어져 지상파 중계 자체가 줄어드는 실정이다. 그리고 단일 리그 구상을 주도한 세이부의 쓰쓰미 요시아키는 2005년 3월 증권거래법 위반으로 체포돼 프로야구 무대에서 사라졌다. 마찬가지로 와타나베 쓰네오는 프로야구 재편 소동 한가운데에서 대학생 선수 뒷돈 문제의 책임을 지고 구단주를 사임했다. 2015년에는 자이언츠 선수 야구 도박사건이 불거지며 구단 최고고문에서도 물러났다.

모기업이 경영난에 빠졌던 다이에 호크스도 2004년 시즌이 끝난 직후 소프트뱅크에 구단을 양도한다고 발표했다. 후쿠오카 3종 세트의 나머지 축인 호텔과 돔은 그보다 앞선 2003년 말, 미국 투자펀드인 콜로니 캐피털에 매각되었다.

2005년에 호크스를 떠난 전 구단 대표 사토 겐지를 오사카에서 만났다. 호텔 운영을 하다 구단 대표 자리를 맡았던 시기를 그는 "체험하기 어려운 격동의 나날이었지만 좋은 추억이었다"면서 그리워했다. 나아가 2004년 선수협회장 후루타 아쓰야가 말한 '20개 구단' 견해에 여전히 동의한다면서 이렇게 강조했다. "뭐라고 해도 경기장에서 야구를 보는 것은 정말 재미있습니다. 나아가 야구를 통해 지역 활성화를 꾀할 수 있으니, 더욱 좋지 않습니까."

이제 다이에 호크스는 야구 팬들의 기억 속에만 존재하는 이름이 되었다. 그러나 1999년 후쿠오카에서 시작된 지역 밀착형 구단 운영은 이후 센다이의 라쿠텐, 홋카이도의 니혼햄, 지바의 롯데 마린스로 확산되었다. 퍼시픽리그뿐 아니라 센트럴리그에서도 요코하마의 DeNA 베이스타스나 히로시마 도요카프는 스타디움 경기 관람스타일 등을 지속적으로 연구해 지역과 조화를 꾀했다. 그 결과 요코하마는 2016년 관중동원수에서 역대 최고를 기록했다.

## 고객들 사이 '연결고리'에 돈이 있다

한편 이렇게 진화한 일본 스포츠 비즈니스 세계에 '외래 강자'가 등장했다. 2015년 J리그 방영권을 '10년 간 2,000억 엔'이라는 거액으로 낙찰받은 DAZN(다즌)이다. 영국 스포츠 종합기업 '퍼폼 그룹'이 운영하는 회사다.

다즌의 사장 제임스 러슈턴의 이야기를 들어보면 이 회사는 방송 기술에 강한 기업으로 시작해 영국의 도박회사를 상대로 한 동영상 '워치&베트' 등 일본에는 없는 사업을 하고 있다. 예를 들어 축구에서 '다음에는 누가 골을 넣을까'라는 내기는 골이 들어가는 순간 마감된다. 다즌이 바로 그런 속도에 대응하는 기술을 구축해왔다는 것이다. 그리고 축구 중계로까지 영역을 넓혀 경기 중 선수의 움직임 같은 세부 데이터들을 축적한 뒤 독일 SAP 등 대형 소프트웨어 기업에 제공해왔다. 2014년 월드컵에서 독일이 우승한 것은 '12번째 선수'로 불린 SAP가 데이터 분석을 맡아 축구를 바꾸었기 때문이라는 말이 돌 정도였다.

"일본인은 유럽인과 달리 한 사람이 여러 스포츠를 봅니다." 세계 스포츠 시장을 조사해온 제임스 러슈턴은 이렇게 말한다. 대다수 유럽 축구 팬들은 축구만 본다. 반면 여러 스포츠에 고루 열광하는 일본인의 특성은 스포츠 비즈니스 관점에서는 그야말로 땅속에 묻힌 보석인 셈이다.

보고 싶은 스포츠는 많은데 제대로 볼 수가 없다. 예를 들어 프로 야구 중계는 오랫동안 자이언츠 경기 중심으로 편성됐다. 축구와 테니스는 말할 것도 없다. "그렇더라도 J리그에 지불하는 10년 간 2,000억 엔이라는 거액의 방영권료는 채산이 맞지 않는 것 아닌가?" 일본 언론이 회의적으로 다룬 질문을 나도 러슈턴에게 던졌다. 그러나 그는 2,000억 엔은 방영권료라기보다 '투자'라고 간단히 대답했다.

러슈턴의 시각은 앞서 호크스가 로열티 수입을 버린 것과 많이 닮았다. J리그를 개혁 중인 무라이 미쓰루 회장은 이 거액의 투자금을 실적에 따라 지방 클럽에 배분해 경기 관람을 더 재미있게 하는 데 쓰겠다고 한다. 예를 들어 J리그, 다즌, NTT그룹 등은 공동으로 '스마트 스타디움화'라는 구상을 구체화하고 있다. 팬이 즐길 수 있도록 와이파이와 VR(버추얼 리얼리티 · 가상현실)을 이용한 서비스를 개발한다는 계획 아래, 이를 위한 스타디움 시설을 갖추는 데 기업을 참여시키고 있다. 비단 시설만이 아니다. 투자금을 이용해 선수 육성 프로그램도 실시할 계획이다.

말하자면 거액의 투자금으로 분위기를 띄워 전체 시장을 활성화한다는 구상이다. 그렇게 되면 계약자 숫자는 자연히 늘고, 다즌은 경기 중계를 넘어 새로운 스포츠 비즈니스를 개발할 수 있다는 논리다.

모두가 성공하기 위해 가쓰오부시가 된다. 이와 관련해 J리그 무라이 회장과 과거 호크스를 이끈 고쓰카가 둘 다 리크루트 출신이라는 점을 눈여겨봐야 한다. 리크루트의 비즈니스 모델은 리크내비, SUUMO, 쟈란, 핫페이퍼처럼 하나같이 법인고객 모객이나 업무 지원, 그리고 구직자와 기업을 연결시켜주는 일이다. 예를 들어 결혼정보지 〈XY〉는 잡지 부수를 늘리는 것보다 결혼식장에 하객을 모아, 식장이 돈을 벌도록 주선하는 게 주목적이다. 광고를 얻으러 가는 대신 식장이 인기를 얻을 만한 아이디어를 내서 지원하는 것이다.

2014년 도쿄증권거래소 1부에 상장한 리크루트 홀딩스는 3년 간 시가 총액이 두 배로 늘었고 주가 증가액은 1조 4,000억 엔을 넘었다. 미네기시 마스미 사장에게 성장 비결을 물었더니 이렇게 말했다.

"영업이라는 게 이쪽에서 팔고 싶은 물건이나 서비스를 설명해 공감을 얻고 사게 하는 일이라고 생각하기 쉽죠. 그런데 20대에 '카 센서' 영업을 하면서 깨달았습니다. 자동차 딜러를 만나고 다니며 그 지역에선 이런 자동차가 반드시 팔린다는 데이터를 제공해 돈을 벌도록 했습니다. 영업은 고객의 업적을 높이는 일이자 생산성과 차별성 향상을 지원하는 일이라는 사실을 간파한 겁니다."

리크루트 성장의 원천은 바로 가쓰오부시 정신에 있었다.

# 3장

## 거침없이 질주하라

### 고마쓰, 건설현장의 파수꾼이 되다

## 트럼프가 고마쓰를 콕 집어 거명한 까닭

2016년 미국 대통령 선거에서 도널드 트럼프는 자주 일본 때리기 발언을 했다. "많은 일본차가 화물선에 실려 미국으로 들어와 미국인의 고용을 빼앗고 있다." 이렇듯 치졸한 언급을 하면서 불쑥 지목한 곳이 건설기계회사 고마쓰였다.

고마쓰를 콕 집어 지목한 이유는 분명하다. 미국 최대 건설기계회사 캐터필러를 돕기 위한 포석이었다. 대중에게 먹힐 싸구려 선동을 들은 고마쓰 사장 오하시 데쓰지는 오히려 "지명도가 올라 고맙게 생각한다"고 소감을 밝혔다.

"2002년 이후 입사한 사원은 고마쓰를 계속 성장하는 좋은 회사라고 생각합니다. 현실은 그게 아닌데 말이죠. 무슨 일이 생길지 알 수 없고 수요도 감소하는 상황이라, 지금이야말로 포기할 것은 포기하면서 새로운 씨앗뿌리기를 하고 있습니다." 고마쓰 본사 회의실에서 만난 오하시 사장은 이렇게 위기의식을 드러냈다. 2017년 여름의 일이었다.

오하시가 말하는 '2002년 이후'란 2001년 적자 반전을 의미한다. 당시 고마쓰는 국내에서 약 1,000명의 희망퇴직을 받았고, 자회사 일부가 문을 닫는 등 어려운 시절을 겪고 있었다. 그렇게 어려웠던 2001년, 사장에 취임한 사카네 마사히로가 내세운 것이 '차별 경영'이었다. '지속성장을 전제로 하지 않는 경영'을 앞세워 건설기계에 탑재한 GPS로 가동상황을 파악한다든지, 호주와 칠레 광산에서 원격조작으로 덤프트럭 무인운전을 가능케 하는 등 강점을 살린 ICT(정보통신기술)화를 통해 글로벌 기업으로 거듭나며 V자 회복을 이루어냈다.

다만 오하시의 '무슨 일이 생길지 알 수 없다'는 표현은 결코 과장이 아니었다. 세계 시장이 불투명하기 때문이다. 그렇다면 도널드 트럼프는 왜 고마쓰를 위협으로 본 것일까? 2013년 오하시가 사장에 취임했을 때의 기자회견부터 보자.


## '고객의 안전과 생산성 향상'이라는 흔한 말

회견장에 모인 기자들은 당혹스러워했다. 적어도 사장인 오하시 데쓰지의 눈에는 그렇게 보였다. 고마쓰 사장으로 취임한 오하시에게

"포부는?" 하고 기자들이 물었다. 그들이 기대한 것은 과거의 '차별경영'처럼 세계적 건설기계회사 고마쓰다운, 대담하면서도 납득할 만한 내용이었다. 그러나 오하시의 대답은 마치 씨름에서 상대의 힘을 역이용하는 듯했다.

"고객의 안전에 가장 신경을 쓰겠습니다." 전혀 새롭지 않은 말에 이어 '고객의 생산성 향상'이라는, 흔하디흔한 단어를 입에 올렸다. 그 자리에 참석한 대다수가 그 말뜻을 이해하지 못하는 표정이었다고 오하시는 전했다.

고객의 '안전'과 '생산성'. 자극적이지 않고 당연한 이 두 가지 단어가 기업의 이익과 어떻게 연관되는 걸까. 그러고 2년 뒤, 이 두 가지 개념이 대변신하게 되리라는 사실을 그때는 누구도 예상하지 못했다.

대변신의 계기는 새로 사장에 취임한 오하시를 필두로 임원들이 후쿠시마현 고리야마시 주차장 조성공사 현장을 방문했을 때 일어났다. 안내한 사람은 시케 지카시라는 1968년생 남자였다. 그는 30대가 되기 전에 후쿠시마에서 건설기계 임대회사를 창업해 상장을 목표로 하고 있었다. 그런데 고마쓰 전 사장이었던 노지 구니오로부터 "젊은 나이니까 더 큰 무대에 도전해보는 것이 어떻겠냐"는 말을 듣고 '고마쓰 렌털'과 합병했다. 이후 사장으로서 고마쓰 렌털을 경영하고 있었다.

시케가 그때 일을 회상했다. "당시 임대회사를 경영하던 저는 고마쓰가 개발한 ICT 건설기계를 이용해 어떤 서비스를 할 수 있을지를 시험했습니다. 그러던 중 ICT 불도저 덕에 생산성이 오른 현장이 있

어서 고마쓰 본사 임원들에게 시찰을 오도록 권했어요. 조하리丁張り라고, 판자를 지면에 박아 실을 걸어서 흙 쌓을 높이를 나타내는 작업을 할 필요가 없이 전자동 제어 고마쓰 불도저가 마치 일필휘지로 움직이듯 작업을 합니다. 작업시간이 절반으로 줄어 고객들에게 대단한 호평을 받았습니다."

ICT 불도저는 위성 정보로 3차원 측량을 하고, 나아가 3차원 설계도면을 읽어들여 굴삭부터 토지정리 작업까지 스스로 한다. 그날 불도저 운전석에서 내려온 기사가 "실은 유압 셔블 경험밖에 없다"면서 "그런 나도 할 수 있다"고 흥분할 정도였다.

불도저 조작은 매우 어려워서 기술 습득에만 5~10년은 족히 걸린다. 또 과거 방식대로라면 작업원들이 건설기계 옆에서 조하리 설치와 검사·측정을 하기 때문에 늘 위험을 동반한다. 오하시가 불도저 기사에게 "어떤 점이 도움이 되었습니까?"라고 질문하자 "사람이 옆에 없기 때문에 다칠 위험이 없어서 좋지요."라는 대답이 나왔다.

시찰을 끝낸 고마쓰의 임원 일행이 너도나도 "와, 다행이다. 다행이야." 안도하며 승합차에 올라타 문을 닫는 순간 오하시가 찬물이라도 끼얹듯 중얼거렸다. "으음, 이걸로 괜찮은 걸까."

오하시는 사장에 취임하기 전부터 전국의 건설현장을 누비며 고객과 대화를 나누었고 '안전과 생산성'이야말로 고객에게 제일 필요한 덕목이라고 누누이 강조해왔다. 알기 쉽게 말하면 과거 50년 간 일본의 '공장'은 자동화와 반자동화가 진행돼 사람이 간여하는 부분이 줄었고, 그 덕에 제조현장의 사고가 감소했다. 안전과 생산성이 함께 향상된 것이다. 그렇다면 '공사현장'은 어떨까?

모든 건설토목 현장이 '안전제일'을 내세운다. 하지만 자동화가 어려운 작업 특성상 늘 위험을 동반했고 생산성 역시 향상되기 힘든 상황이었다. 더 많은 이익을 낼 수 없는 구조였던 거다. 달리 말해 공사현장은 '3K'(한국의 3D와 같은 의미. 위험하고, 더럽고, 힘든 업종) 업종으로 '돈벌이가 되지 않는' 게 냉엄한 현실이었다. 그럴수록 안전과 생산성이 절실했지만, 고마쓰 건설기계만 자동화한다고 공사판의 현실이 바뀔까? 게다가 불도저 가동 시간이 절반으로 줄면 언젠가는 제품이 팔리지 않을 게 자명했다. ICT 불도저가 제품으로서는 최첨단일지 몰라도 지속성을 담보할 수 없는 셈이었다. '자기만족에 빠진 것은 아닌가?' 의문이 해소되지 않았다.

"조금 더 생각해봅시다." 고리야마에서 돌아오는 길에 오하시는 이렇게 말했다. 고객의 처지가 되어 한 번 더 숙고해보기를 시케와 임원들에게 요구한 것이다.

숙제를 받은 직원들은 숫자를 통해 문제의 구조를 상세하게 들여다보았다. 일본 전국의 건설회사가 약 45만 개나 되지만, 그 중 90퍼센트는 연매출 6억 엔 이하였다. 눈에 띄는 점은 다른 산업에 비해 55세 이상 비율이 단연 높은 반면, 29세 이하 취업자 비율이 10퍼센트도 되지 않는 상황이었다. 기술 습득에 시간이 걸리는 업종임에도 젊은 사람은 모이지 않고, 오히려 숙련 작업자 다수가 정년을 코앞에

두고 있었다.

앞으로 15년 가량 지나면 일본 건설현장에서 약 110만 명의 인력이 부족해진다. 반면 집중호우로 인한 산사태나 노후시설 정비 수요는 늘어날 게 뻔하다. 그럼에도 이런 복구가 특히 필요한 산간지역의 건설회사들은 나이 많은 사장과 대여섯 명 고령 사원만으로 근근이 유지되고 있었다. 그런 현장을 숱하게 봐온 오하시가 사장으로 취임하던 해에 도쿄올림픽 개최가 결정되면서 노동력 부족은 더 심각해졌다. 일본의 토대를 흔드는 사회문제에 아직 손조차 대지 않은 상태임에도 불구하고.

2014년 10월, 앞서 언급한 시케가 고마쓰 본사 사장실로 달려가 '건설 생산 프로세스'라는 자료를 오하시에게 내보였다. 설계로 시작해 굴삭, 적재, 흙과 모래 운반 등 고객이 공사를 수주해 마칠 때까지 필요한 전 과정이었다.

"이 공정에서 고마쓰의 건설기계가 움직이는 부분을 빨갛게 칠해봤더니 전체의 극히 일부에 불과했습니다. 즉 고마쓰 건설기계가 아무리 뛰어나도 그 전후 덤프트럭 준비가 늦거나 자갈 적재가 지연되면 현장의 생산성은 절대 오르지 않습니다. 따라서 전 과정을 최적으로 재편할 필요가 있습니다." 오하시는 "그래, 이거야."라며 무릎을 쳤다. 그러고는 당장 다음 달에 구상안을 발표하라고 지시했다. 당황하고 놀란 시케가 "잠깐 기다려주십시오."라고 대꾸하자 "그럼 1월 1

일이야."라는 답이 돌아왔다. "아이고 그것도 빠릅니다." "그럼 1월 20일에." 오하시가 못을 박듯 말을 이었다. "당신 혼자서 하라는 게 아니야. 회사 전체가 움직이면 돼."

이렇게 해서 시케는 건설기계 임대회사에서 본사로 자리를 옮겼다. 집행임원이 되어 '스마트 콘스트럭션(스마콘)'이라고 이름 붙인 사업의 추진본부장에 취임했다. 그 후 고마쓰의 사업은 건설기계 제조·판매·수리에서 공사 자체 솔루션 제공으로 변모해갔다.

공정의 일부에만 간여하는 불도저 제조회사인 고마쓰가 어떻게 전체 공사를 최적화할 수 있단 말인가?

건설토목 현장의 효율이 떨어지는 원인은 무엇보다 작업이 '눈대중'으로 이루어진다는 데 있었다. 일하는 사람이 흐리멍덩해서가 아니다. 시케가 이렇게 설명했다. "공정대로 진행되지 않는 건, 예측하기 힘든 작업이 많아서입니다. 가령 산을 깎을 때 덤프트럭을 준비하지만 필요한 대수를 정확히 예측할 수 없어요. 애써 돈과 시간을 들여 산을 측량해도 직선이 아니기 때문에 오차가 발생합니다. 정확한 흙과 모래의 양을 측량할 수 없기 때문이죠."

그들은 '예측 불가능'이라는 상식을 넘어서려는 시도를 했다. 드론을 사용하면 단 15분 만에 1,000만 개의 고밀도 점으로 측량할 수 있다. 하지만 드론을 날려 며칠 동안 데이터 처리를 해도 역시 오차는 생겼다. 어떻게 해야 할까? 그들은 좀 더 확실한 해결책을 찾기 위해 백방으로 뛰었다.

## 질주하지 않으면 안 된다

"버튼 하나로 하늘에서 측량을 해낼 수 있는 재미난 회사가 실리콘밸리에 있어." '스카이 캐치'라는 드론 회사라면 오차 없이 측량할 수 있을 거라고 제안한 곳은 CTO실이었다. CTO(최고기술자)는 오하시가 신설한 자리로, 개발 부문 최상급자가 맡았다. 우수한 인재를 공장라인에 묶어두는 게 아까웠던 오하시는 이 조직을 만든 뒤 '재미난 기술과 고마쓰의 기술을 융합시키는 열린 이노베이션'을 목표로 세계 각지에서 아이디어를 찾으라고 지시했다.

1월 20일 발표 날을 목전에 두고 일본을 방문한 스카이 캐치는 법규의 벽에 부딪혔다. 일본에서는 인증이 없으면 무선기를 사용할 수 없기 때문이었다. "그들은 신년 휴가도 반납하고 아키하바라에 가서 납땜인두와 무선 모듈을 사와 서둘러 비행을 가능하게 했습니다." 이야기를 하면서 시케가 쓴웃음을 지었다. 여기서 '서둘러'라는 대목이 중요한데, 이 점은 뒤에서 자세히 설명하겠다.

또 하나 서두른 작업이 있었다. 전 과정 최적화를 목표로 했지만 작업현장에는 다른 회사의 건설기계들이 많았다. ICT 건설기계로 굴삭 데이터를 얻은 뒤 작업 과정을 효율적으로 재편하더라도 다른 회사의 건설기계는 어떻게 하느냐는 문제가 제기됐다. 다른 회사 건설기계에 센서를 부착하는 것은 현실적이지 않다는 이유로 임원회의 논의가 중단되었을 때 개발 담당 임원이 손을 들었다. "저희 부서에 스테레오 카메라를 꼼꼼하게 연구해온 직원이 있습니다." 왜 그런 연구를 하는지 아무도 묻지 않았다. 다만 고마쓰의 건설기계에 장착한 스테레오 카메라가 '눈'이 되어 광각으로 공사현장을 찍으면 다른 건설기계가 굴삭한 장소를 데이터화할 수 있었다.

상공에서 드론으로 고밀도 측량을 하고 지상에서는 스테레오 카메라가 다른 회사 건설기계의 굴삭 장소를 찍어 데이터화하는 동시에 고마쓰 건설기계 장비로도 데이터를 얻는다. 이 세 가지 데이터를 토대로 공사현장을 입체적인 3D 화면으로 만들었다. 이것으로 실시간 상황이 입체 화면으로 표시되면 고마쓰가 개발한 클라우드를 이용해 최종 설계 입체도면과 대조했다. 그러면 모니터에 최종 도면과 현재 진행 중인 상황이 겹쳐져 다음에 어떤 작업을 해야 하는지, 마무리는 어떻게 하면 좋은지 자동으로 알려주는 식이다. 이것이 공사현장의 자동화였다.

여기서 궁금증이 생긴다. 건설기계회사였던 고마쓰는 왜 이리 서둘러 공사 자체 솔루션으로 비즈니스 대전환을 꾀했을까? 시케는 품질관리 부문의 스테레오 카메라에 딜레마가 있었는지도 모른다고 설명했다. "기계는 통상 시장에 출시하기 전에 몇 번이고 정밀도 검사를 해서 백점 만점 수준으로 끌어올립니다. 그러나 국토교통성이 정식 기준으로 채택했던 이 카메라는 '70점이든 80점이든 좋으니 일단 어려움을 겪는 고객이 사용하도록 출시한 뒤 사용자들의 의견을 청취하며 개선해가자'는 식으로 일을 진행한 겁니다."

본래 기계제조회사는 신제품을 시장에 내놓기 전에 충분한 시간을 갖는다. 완벽을 목표로 삼기 때문이다. 그럼에도 이렇게 서두른 이유를 묻자 오하시는 질주하지 않으면 안 되는 상황이었다고 대답했다. "아무리 다듬어서 시장에 내놔도 그게 정답이라고 보장할 수 없습니다. 심지어 제조회사가 고객 의견을 모니터링해 상품을 개발하고 판매·서비스 체제를 갖추는 사이 고객이 더 빨리 진화하는 경우도 있지요. 우리 같은 B2B(기업 간 거래) 사업에서 브랜드란 결국 파트너로 선택받는 빈도를 높이는 것이죠. 계속 선택받기 위해서는 고객 속으로 들어가 '과제가 무엇입니까?' '어떤 방향으로 나아가려고 합니까?'라고 물으며 속 깊은 이야기를 나눠야 합니다. 거기서 나온 것이 안전과 생산성이었습니다. 상품 개발도, 회사 체제 혁신도 모두 고객에게서 배운 것이죠."

고객의 불평과 비판은 진화의 질료다. 고객과 합심하지 않으면 진화할 수 없다. 오하시가 "고객 속으로 들어가 깊이 대화한다"고 강조한 것도 그런 맥락이었다. 고객 속으로 들어가 그들이 필요로 하는 가치를 찾아내지 않으면 최첨단 기술은 의미가 없다. 공사현장의 인력 감축·자동화·공기 단축을 목표로 한 스마트 콘스트럭션도 결코 최선의 상품은 아니다. 다만 안전과 생산성 달성을 위한 수단이자, 최선을 추구하는 과정의 일부라고 할 수 있겠다.

## 1,500킬로미터 떨어져 무인 덤프트럭을 조작한다

고마쓰는 전 세계의 자사 건설기계를 GPS로 연결해 촘촘한 네트워킹을 구축한 회사로 유명하다. 이 회사가 '연결'을 가치로 바꾼 과정은 여기저기서 모델 사례로 거론된다. 애초 연결망 구축은 도난방지 대책의 일환으로 출발했다.

1990년대 심야에 공사현장에서 훔친 파워 셔블로 ATM을 부수고 현금을 훔쳐가는 사건이 잇따랐다. TV에 사건 보도가 나올 때마다 무참하게 부서진 ATM과 함께 방치된 건설기계에 찍힌 'KOMATSU'라는 로고가 화면에 등장했다. 도둑이 버리고 간 고마쓰 기계 영상을 본 직원들 사이에서 "어떻게 해볼 방법이 없을까?"라는 말이 나왔고 그 대책으로 개발한 것이 '콤트락스KOMTRAX'였다.

기계 가동 관리시스템인 '콤트락스'는 어느 기계가 어디에 있는지, 엔진이 움직이는지 여부는 물론이고 연료 잔량이나 가동시간 데이터 일체를 고마쓰 사무실에 앉아 체크할 수 있다. 말하자면 원격으로 '통제 가능한' 시스템이다. 전혀 의도하지 않았지만 이 방식은 중국에서 큰 인기를 얻었다. 중국에서는 대출을 받아 건설기계를 구입한 사람들이 일이 없다는 이유로 대출금 상환을 연체하기 일쑤였다. 하지만 가동상황을 ICT로 볼 수 있게 되자 더 이상 은행에 거짓말을 할수 없었다. 고마쓰의 ICT 건설기계가 은행에서 여신 기능까지 하는셈이 되었고, 덩달아 인기에 불이 붙었다.

고마쓰의 파워 셔블.
모든 과정이 전자동으로 제어돼 미숙련자도 조작 가능하다.
ⓒKim DongGyu(Nacasa&Partners)

2008년 상용화에 성공한 광산의 무인 덤프트럭 역시 연결을 통해 새로운 가치를 창출한 사례다. ICT 솔루션 담당 전무인 구로모토 가즈노리는 시장과 광산을 연결하는 혁신을 이루어냈다. 구로모토는 이렇게 말한다. "호주 외진 곳의 광산과 1,500킬로미터나 떨어진 도시 퍼스에서 원격 조작하는 식으로 시장과 현지 작업을 연동했습니다. 시장에서 광석 가격을 확인해 얼마나 출하할 것인가를 정한 뒤 원격으로 작업공정을 조정하는 겁니다."

이 무인 덤프트럭도 구로모토가 고객과 이야기를 나누다 생각해냈다. 구로모토는 다음과 같은 목표를 말했다. "우리의 '콤커넥트'라는 오픈 클라우드가 일종의 자유시장 역할을 해서 어떤 사람과 기업이든 들어와 솔루션과 연결되었으면 합니다. 이제 더 이상 한 회사가 사업을 독점하는 시대가 아닙니다. 서로 연결하지 않으면 성장은 불가능하죠."

가치는 제조회사가 만드는 게 아니다. 고객이 사용할 때 비로소 제 의미를 얻는다. 기업의 성패는 이러한 변화를 얼마나 잘 읽어내느냐에 따라 판가름난다. "ICT나 드론 등 눈에 보이는 기술 너머에 안목 있는 리더십과 조직문화가 있는 셈이지요." 시케는 말한다. 완성품의 품질보다 속도를 중시하고, 자사 재료와 기술만으로 완성품을 만든다는 생각에서 벗어나며, 목표를 위해서는 조직을 바꾸고 외부인이나 다른 기업까지 받아들이는 문화가 필요한 시대다.

고마쓰는 안전성과 생산성 향상뿐 아니라 또 하나의 가능성을 만들어가고 있다. 스마콘을 활용해 일본 전 국토를 입체적인 3차원 데이터로 구축하는 것. 구글맵을 토건공사에 쓰는 고정밀 3차원 데이터로 만든 작업과 비슷하다. 국토를 입체적인 3차원 데이터로 만드는 것은 세계 처음이다. 이 결과물을 오픈 데이터로 풀어 누구라도 자유롭게 사용할 수 있도록 하면 거기서 많은 사업이 생겨날 것이다.

오하시 사장은 "데이터 소유자는 국가와 시공주이고, 아직 활용규칙도 없기 때문에 우리가 마음대로 할 수는 없다"고 조심스러워 하면서도 이렇게 덧붙였다. "홍수로 토지가 쓸려나간 자연재해 복구현장이나 재공사 현장에서 3차원 데이터를 활용할 기회가 생겨날 겁니다. 나아가 지방자치단체가 사용하는 데이터가 되기를 바랍니다. 그러려면 먼저 데이터를 축적해야겠지요."

스마콘은 경쟁 상대가 없고 고객조차 그 실체를 정확히 파악하지 못한 상태다. 따라서 "아직 고객의 이상 및 상상과 싸우는, 말 그대로 고통스런 상태"라고 영업 담당자는 이야기했다. 그렇더라도 영세기업이 많은 데다 고령화까지 진행되는 어려운 시장에서 미래 시장을 개척했다는 점에서 '퍼스널컴퓨터의 아버지'라 불리는 교육자 앨런 케이의 너무도 유명한 말을 떠올리지 않을 수 없었다.

"미래를 예측하는 최선의 방법은 미래를 직접 만들어내는 것이다."

# 4장

# 환경과 안전을 상품화하다

### 세키스이하우스와 스바루가 찾아낸 새로운 가치

## 미국인들은 왜 일본 비데를 직접 사갈까?

왜 화장실에 가서 아직도 종이로 엉덩이를 닦아야 하는 걸까? 미국에서 '스마트 홈'을 취재할 때 변기에 앉을 때마다 진저리를 쳤던 기억이 생생하다. AI와 센서기술 발달로 온실을 자동조절해 쾌적함을 유지하고, 감시센서로 어린이의 안전과 방범을 강화하는 주택 고기능 시대다. 그런데 왜 화장실만은 옛날의 종이 방식을 고수할까? 미국의 이런 모순에 위화감을 느낀 일본인이 적잖을 게다.

일본에서 TOTO의 비데가 발매된 게 1980년이다. 비데는 먼저 일반 주택에 보급되었다. 일본의 신규 주택 착공 규모는 1980~1990년대에 지속적으로 증가했다. 이 시기 신축 주택은 연간 120만~170만 채에 달했다. 이것이 비데 보급의 순풍으로 작용했다. 신규 주택 착공 규모는 거품경제 붕괴 후인 1991년과 디플레이션이 본격화한 1998년을 기점으로 크게 줄어 지금은 연 100만 채에도 미치지 못한다.

다만 일본에서도 사무실이나 호텔 등 공공시설의 비데 보급은 2000년대 들어서니까 의외로 최근 일이다. 관습이 시장을 억누른 결과다. 집에서 엉덩이를 씻는 데 익숙해진 사람들이 회사와 집 밖에서 볼일을 볼 때 불편함을 느끼기 시작했다(특히 화변기). 호텔과 백화점 등 분위기를 중시하는 곳들이 변기를 비데로 바꾸자 불특정 다수가 사용하는 공공시설의 비데 보급이 급속도로 확산됐다. 파리 고급호텔에서 비데를 쓰기 시작한 것은 2010년대 들어서이다. 이는 중국 부유층의 유럽 여행 증가와 관련이 있다.

그러면 왜 다른 기술에서 최첨단을 달리는 미국에서는 비데가 보급되지 않은 걸까? 이유는 의외로 단순하다. 화장실 변기 공사업체와 화장실용품 제조회사가 오랫동안 협력관계여서 신규 시장 진입 장벽이 높았던 것이다. 사회가 성숙기로 접어든 선진국에서는 신참자가 구업계에 들어가는 데 시간이 오래 걸린다. 그런 까닭에 일본을 방문해 비데를 사용한 후 푹 빠진 미국인이나 유럽인이 직접 사가는 상황이 지금도 이어지고 있다.


## 일본의 환경기술이 미국에서 통했다

2002년, CNN 등 미국 언론들이 일제히 TOTO를 보도하는 사건이 있었다. 전미주택건설업자협회NAHB, National Association of Home Builders가 실시한 화장실 시험조사가 그 계기였다. 미국을 비롯한 세계 여러 나라에는 물부족으로 곤란을 겪는 지역이 적잖다. 미국에서는 1992년 에너지정책법을 제정해 대변기에서 한 번 내리는 물의 양을 1.6갤런(약 6리터) 이하로 정했다. 제조회사에 대한 규제이다.

그런데 이를 속이는 업자가 많았다. 이에 따라 NAHB가 불시 절수 성능조사를 실시한 뒤 믿을 수 있는 화장실 순위를 발표했다. 그랬더니 1위부터 3위까지 TOTO 제품이 독차지했다. 이를 계기로 TOTO는 환경기술로 미국에서 이름을 알리게 되었다. 비데의 쾌적함보다 '환경'이라는 가치를 인정받은 셈이다.

환경단체의 적극적인 로비 덕인지 모르지만 미국에서는 환경 규제와 관련해 엄격한 법률이 종종 제정된다. 1970년 미국에서 배기가스를 규제하는 머스키법이 제정되었다. 자동차 배기가스로 인한 대기오염이 심각한 문제로 대두된 시절이다. 머스키법은 '1975년형 자동차부터 CO(일산화탄소), HC(탄화수소)를 1970년 배출 규제기준의 10분의 1 이하로 한다'는 등 제조회사에게는 매우 엄격한 법률이었다.

산업계가 싫어할 만한 이 규제를 기술력으로 해결한 첫 주자가 바로 혼다의 저공해 엔진 'CVCC'였다. 당시 사장이던 혼다 소이치로는 사내보에서 이렇게 말했다. "기술로 해결해야 할 것을 정치적으로 해결하려 들면 크게 후회한다. 기술로 해결해야 할 것은 기술로 해내지 않으면 안 된다." 저공해 엔진으로 연비까지 좋아진 혼다는 세계적으로 높은 평가를 받았다. 배기가스 규제야말로 혼다를 비롯한 일본차의 기술력을 국제적으로 알리는 계기였다.

## 슬럼가를 정이 넘치는 관광 명소로

화장실과 자동차 사례에서 보듯, 일본은 여러 환경 규제를 기회로 바꾸는 기술혁신을 거듭해왔다. 중요한 것은 얼마나 빨리 '환경'을 의식해 문제해결에 나섰느냐는 것이다. 세키스이積水하우스의 와다 이사미 회장을 인터뷰했을 때 그가 분하다는 듯 테이블을 톡톡 치며 이런 이야기를 했다.

"1999년에 저희 회사 독자적으로 '환경미래계획'을 발표했지만, 당시엔 바보 취급을 받았습니다. 주택회사가 무슨 소리를 하는 거냐고. 언론에서도 전혀 주목하지 않았어요. 지금이야 누구나 환경을 말하지만 그땐 따가운 시선만 받았죠. 저는 평소 '살면서 장수할 수 있는 집을 만들라'고 말해왔습니다. 건강은 환경이 좌우합니다. 주거도 생태계의 일부죠. 20~30년 지나면 부수고 새로 짓는 집이 아니라 오래 살아 환경을 좋게 만드는 것이 중요하다고 생각해서 환경문제에 관심을 둔 것입니다."

집이라는 '점'의 환경에서부터 주위 자연을 포함한 '면'의 환경까지 고려한 발상이었다. 나아가 사업 절차도 환경배려형으로 바꾸었다.

건설 자재인 목재 조달 및 부재 가공 공장의 폐기물 순환으로 시작해 지금은 당연한 단열재와 에너지 효율화 그리고 주변 마을 조성까지 사업에 포함했다.

'바보 취급 받았다'던 그 구상은 해외에서 예상 밖의 반향을 일으 켰다. 애초 호주의 주택 개념은 그저 건물을 세우는 것으로, 환경기 술을 적용한다는 의식이 없었다. 그런데 절전형 설비를 도입하고, 사 람의 움직임을 최적화환 '가사 동선'을 고려해 공간을 설계하고, 마을 조성 방법까지 제시하자 획기적이라는 평가가 쏟아졌다.

시드니 재개발사업인 '센트럴 파크'에서는 고층빌딩 외벽에 식물을 심었다. 이 벽면 녹화로 인해 에어컨 사용을 억제해도 여름에는 시원 하고 겨울에는 따뜻해졌다. 컴퓨터로 제어하는 거대한 반사경을 빌 딩에 걸어 지하광장과 식물에도 빛을 보냈다. 원래 이 지역은 빈집이 넘치는 슬럼가로, 지역 업자조차 손대지 않는 곳이었다. 낮에도 어둑 어둑해 여성이나 아이들이 피하는 지역이었지만 벽면 녹화로 재개발 을 시도한 후 관광명소로 변신했다. 시드니 시장은 당연히 기뻐했고, 와다는 2014년 세계적인 건축상을 받았다.

와다는 이렇게 말했다. "과거 호주의 주택분양지 조성은 나무가 있 는 산을 평지로 만들어버린 뒤 나중에 다시 식재하는 방식이었습니 다. 하지만 나무를 자르면 들새와 곤충도 사라집니다. 그래서 우리는 자생 나무를 그대로 두고 원래의 땅 모양을 살려 택지를 설계했습니 다." 툇마루가 상징하듯 생활공간과 주위 자연을 나누지 않고 땅 위

세키스이 하우스가 호주 시드니 재개발사업으로 설계한 센트럴 파크 외관.
벽면에 식물을 심고 컴퓨터로 제어하는 반사경을 설치한 이 건물은
지금 호주를 대표하는 관광자원으로 자리매김했다.

로 연결해 주택을 만드는 것은 일본의 전통적인 문화였다. 호주 출신 프로골퍼로 전 세계에서 사업을 펼치는 그렉 노먼이 자연환경과 조화하는 이런 사업을 돕겠다고 나섰다. 노먼은 인테리어와 환경 설계에서 손을 맞잡았다.

세키스이하우스는 그 후 호주에서 주택 1만 1,300채를 지었다. 생활과 자연을 조화시키는 '면의 환경'으로 중국, 미국에도 진출했다. 미국에서는 '공동체 개발'이라고 이름 붙여, 자연적인 트레킹 코스와 주거가 맞닿는 마을 등 12곳의 단지 조성사업을 했다. 그 중 하나인 휴스턴의 한 마을은 2013년 전미 베스트시티 3위에 들기도 했다. 세키스이하우스는 환경에 대한 공헌으로 유명해졌고, 와다는 로스앤젤레스를 비롯해 포틀랜드, 덴버, 시애틀 등 여러 도시의 초청을 받았다.

와다가 환경을 사업의 중심으로 가져온 것은 앞서 말했듯 '장수하는 환경'이라는 발상이 있었기에 가능했다. 하지만 그 발상의 출발점은 거슬러 올라가 보면, 영업사원 시절 고객에게 사죄하기 바빴던 경험과 맥이 닿는다. 그가 세키스이하우스에 입사한 1965년, 시공사와 주택회사 간 협력이 원활치 않아 건축한 집의 차양이 1미터나 옆집 땅으로 튀어나오는 일이 발생했다. 대출까지 끼고 토지를 매입해 지은 집에 어처구니없는 하자가 생겼으니 집 주인들이 화를 내는 건 당연했다. 사죄하느라 바빴던 그가 고객이 정말로 기뻐할 만한 집을 제공하겠다고 다짐한 것은 자연스런 일이다.

와다는 인터뷰 때 다시 힘주어 말했다. "일본 언론은 국내 인구가 감소하기 때문에 우리가 해외에 진출했다고 말합니다. 그건 착각이에요. 지금까지 우리가 갈고 닦은 환경기술을 가지고 해외에 가면 그 나라 사람들에게 환영받고 사업도 확대됩니다. 반면 단순히 출자만 하는 식의 해외 진출로는 주택사업이 늘지 않을 뿐더러 우리가 쌓아 온 문화를 해외에 알리는 것도 불가능합니다."

그런데 카리스마 경영자로 불리며 업계 간판 노릇을 하던 와다가 2018년 1월 회장직에서 해임되었다는 뉴스가 보도되었다. 토지 거래 사기사건 피해자인 사장의 책임을 묻는 과정에서 회장인 와다가 역으로 몰린 모양새였다. 세키스이하우스는 "해임은 사실이 아니다"라고 발표했지만 와다 자신은 언론에 "쿠데타였다"고 밝혔다.

## 호황기에 홀로 고꾸라진 스바루

이제 '환경'을 고려하는 일은 점점 더 당연한 사회적 요청이 되고 있다. 그렇다면 그 이후의 가치는 무엇일까? 자동차 업계를 사례로 '그 이후의 가치'에 대해 살펴보자. 1998년 금융위기로부터 4년이 지난 2002년 1월, 전후 최장의 호경기가 찾아왔다. '이자나미 경기'라 불리던 시기로, 2008년 2월까지 일본은 긴 호경기에 들어선다. 호황이라고는 해도 '구조조정 경기'라는 별명에서 알 수 있듯 비정규직 고용

추세가 정착해 노동자가 희생된 측면도 있다.

그즈음 최대 호황을 누린 것은 자동차 업계였다. 도요타, 닛산, 혼다, 마쓰다, 미쓰비시자동차의 2003년 이후 영업이익 합계는 1990년대 평균보다 2배까지 늘었다. 자동차 회사임에도 불구하고 그런 호황과 인연이 없었던 회사가 후지富士중공업(2017년에 사명을 SUBARU로 변경. 이하 스바루로 표기)이었다.

2007년 2월, 스바루 본사가 신주쿠역 서쪽 출구 맞은편에 있을 때의 일이다. 사장실로 호출된 요시나가 야스유키는 사장이 무슨 말을 하는지 얼른 알아차리지 못했다. 당시 전략본부장을 맡고 있던 요시나가는 다음주 발표할 중기경영계획 정리를 막 마친 상태였다. "요시나가." 모리 이쿠오 사장은 그의 이름을 부른 뒤 "중기경영계획의 마지막에 파워포인트를 두 장 추가했어."라고 말했다. 함께 경영계획을 세워놓고 갑자기 에둘러 말하는 듯한 모리 사장의 어투를 요시나가는 이상하게 여겼다.

"무엇인가요, 두 장 추가했다는 게?" 요시나가의 물음에 사장이 느릿느릿 답했다. "첫 번째 장은 조직 변경, 두 번째는 인사. 요시나가, 자네가 국내를 맡아." 스바루 국내영업본부장 겸 판매촉진부장을 맡으라는 인사발령이었다. "간단히 말하자면…," 요시나가가 쓴웃음을 지으며 부연설명을 했다. "100억 엔 이상 적자를 기록하며 고전하던 국내 영업을 맡으라는 것이었습니다."

요시나가에게 인사발령이 내려지기 2년 전인 2005년 스바루의 위

기는 경제지만이 아니라 〈아사히신문〉 칼럼인 '덴세이진고天聲人語'에
도 등장할 정도였다. 그 해에 미국 GM(제너럴모터스)은 스바루 주식
을 매각해 협력 관계를 끊었다. 도요타가 구제에 나서 주식을 인도받
고 업무 제휴를 맺었지만, 큰 회사에 좌우되는 스바루의 현실을 적나
라하게 보여준 사건이었다.

스바루는 GM과 자본 제휴를 하기 전에는 오랫동안 닛산과 제휴
관계였다. 그러나 1990년대 말 최대주주로서 사장과 임원을 파견했
던 닛산은 이런 말과 함께 결별을 통보했다. "후지중공업의 장래는
스스로 판단해 결정하세요." 닛산에게 버려지고 GM에게도 버림받은
그들에게 도요타가 마지막 손길을 내민 셈이다. 자동차 업계가 호황
을 누리던 2005년에 이렇듯 체면 구기는 스바루 관련 이야기들이 경
제지 여기저기에 실렸으니, 일명 '혼자 고꾸라지기'였다.

히트하는 자동차가 없었고, 판매대수는 목표 미달이었으며, 제조
비용은 높은 게 스바루 부진의 원인이었다. 그런 상황에서 사장이 요
시나가에게 재건을 지시한 것이다.


## 누구도 몰랐던 '초대 스바루'


2007년, 국내영업 담당자가 된 요시나가와 모리 사장이 논의를 거듭
하다 내놓은 대책이 '경차 생산 포기'였다. 요시나가는 당시를 이렇게

회상했다. "당사의 OB부터 판매점까지 일제히 '말도 안 된다. 무슨 생각을 하는 거냐'라며 한 목소리로 반대했습니다. 스바루 360으로 출발한 경차 메이커인데, 터무니없는 발상이라고요.'"

　그때 요시나가가 골몰한 생각은 '이 회사가 과연 어디에 서 있는 가?'였다. 당시 후지중공업은 연매출 약 1조 5,000억 엔으로 '종합수 출기기회사'를 표방했다. 항공기 산업부터 먼지청소차, 풍력발전까지 폭넓게 손대는 대기업이었지만 '중공업'이라는 이름과는 달리 매출의 90퍼센트 이상이 자동차였다. 그런데도 차종이 적어 자동차업계에서 는 세계 점유율 1퍼센트에 불과했다. 국내용 상품인 경차에 주력해서 는 세계 시장에서 살아남을 수 없었다. 기업 규모는 컸지만, 커다란 몸을 가느다란 다리 하나로 지탱하는 모양새였다.

　"세계 시장에서 어떤 형태로 살아남을 것인가?" 요시나가의 물음 에 여러 사원이 "우리의 자동차 모델은 적어도 특징 있는 메이커"라 고 답했다. 실제로 눈에 띄는 특징이 있었다. 세계 자동차회사 가운 데 포르셰와 스바루만이 수평대향水平對向 엔진을 갖고 있었다. 진동 이 적고 안정된 주행을 자랑하는 독자적인 엔진기술이다. 그리고 '스 바루 사운드'라고 불리는 독특한 배기음으로 열렬한 팬을 확보하고 있었다. 물론 내세울 만한 기술이었다.

　하지만 요시나가는 이렇게 말했다. "자동차 회사로서는 규모가 작 았기 때문에 모델을 다양화하는 건 무리가 따랐습니다. 즉 경차로 쪼 개진 경영 자원을 신규 차종 및 소형차 모델 개발에 투입해야 했죠.

다른 회사에 비해 우리 회사의 자동차는 풀모델 체인지까지 기간이 길었어요. 가령 우리의 인프레서는 7년에 한 번 풀모델 체인지를 했지만, 다른 회사의 경우 5년 단위로 합니다. 그래서 더 빨리 새로운 차를 내놓는 것이 합당하다고 판단한 것입니다."

그러나 경차 생산 포기에 대한 반발은 거셌다. 누구라도 납득할 만한 대의명분이 필요했다.

회사의 존립 기반을 고민하던 요시나가가 어느 날 밤 집 책꽂이에 있던 사사社史를 끄집어냈다. 페이지를 넘기던 그는 의외의 내용을 발견했다. 무당벌레 모양을 한 배기량 360cc가 나온 것이 1958년인데, 실은 그 차에 전사前史가 있었다. "본격적인 자동차를 만들라"는 초대 사장 기타 겐지의 호령에 따라 1954년 코드네임 'P-1'이라는 제1호 시험제작 차를 완성했다. 당시의 열악한 도로 사정을 극복하기 위해 항공기 기술자들이 연구를 거듭해 승차감과 안정성을 높인 획기적인 자동차였다. 기타 사장은 "국산차에는 일본 이름을 붙여야 한다"며 세이 쇼나곤의 수필 《마쿠라노소시枕草子》에 등장하는 무쓰라보시의 '호시와스바루'라는 이름을 달았다. 후지중공업은 6개 회사가 통합한 기업이다. 기업의 출발을 밤하늘에 청백으로 빛나는 6개의 별 '스바루'에 은유한 것이다.

그러나 안타깝게도 '초대 스바루'는 상용화되지 못했다. "자금조달에 문제가 생겨 소형차 P-1 양산을 포기했습니다. 대신 경차 360으로 방향을 틀었지요." 요시나가의 설명이다. 초대 스바루가 계획 단계에서 좌절되었다는 사실을 반세기 후 알게 된 요시나가는 "경차를 포기하다니 터무니없다"고 반대하는 사람들을 만나 "그렇지 않습니다. 제 얘기 좀 들어보세요."라며 설득하기 시작했다. "선배들의 꿈은 비행기에서 출발해 그 기술을 살린 자동차였습니다. 바로 그 선배들이 정말 만들고 싶었던 게 소형차였습니다. 지금이야말로 우리가 진정한 '스바루'가 되려는 것입니다."

그런 논리를 펴며 전국 판매점을 돌았으나 "당신 이야기는 알겠지만 납득할 수 없다"는 의견이 잇따랐다. 스바루 360 시대부터 영업을 해온 판매점이었다. 그럼에도 소형차로 방향을 돌린 이유와 전망을 계속 설명할 수밖에 없었다. "수백 번이라도 찬찬히 설명하겠습니다." 요시나가가 이야기를 반복하자 판매점주 한 명이 고집을 꺾으며 이렇게 말했다고 한다. "미안하지만 나이가 드니 마음과 몸이 따라가지 못합니다. 다만 당신이 흔들리지 않는다는 것만은 잘 알겠어요."

## 충돌하지 않는 차를 만들어내다

경차 생산은 중단했지만 다이하쓰가 OEM(위탁생산)으로 제조하는 경차를 스바루가 판매하는 식으로 판매망은 유지했다. 이제 관건은 무엇으로 타깃을 좁히는가였다.

"선택과 집중을 꾀할 때, 그 차별화가 본질에 충실하지 않으면 실패합니다." 요시나가는 그렇게 말했지만 온후한 사풍 탓인지 당시 나온 사내 아이디어는 '약점을 보완한다' 류의 공격적이지 않은 내용들뿐이었다. 풍력발전 사업을 하는 스바루답게 '환경 넘버원 회사가 되면 좋겠다'는 의견도 있었지만 환경을 내세우는 것은 도요타이고, 도요타에 비하면 스바루는 턱없이 규모가 작았다. 아이디어 회의를 하면 할수록 분위기는 가라앉았다. 그리하여 결국엔 별다른 아이디어가 없다며 낙담하는 모양새였다.

"회사가 작고 약점밖에 없으니 이제 강점을 키웁시다."라고 계속 말하던 요시나가는 어느 순간 질문을 이렇게 바꿨다. "오랫동안 성장하지 않은 약소 메이커인데도 왜 스바루는 망하지 않았을까? 고객은 스바루의 무언가를 좋아하기 때문에 제품을 사겠지요. 그 무언가를 찾아봅시다." 과거 큰 자동차회사 사장들이 "유일하게 이길 수 없는 일본차는 레거시다."라며 분통을 터뜨렸다는 일화가 있다. 스바루의 레거시는 '일본 올해의 차'를 수상하는 등 높은 평가와 인기를 얻었지만 회사로서는 말 못할 고충이 있었다. 높은 생산비용 탓에 이익을 내기 어려웠던 것이다.

전신인 나가지마히코키中島飛行機 때부터 스바루는 기술자를 소중하게 대우한 전통이 있다. 이런 맥락에서 상품기획 회의도 본사가 아니라 전 임원이 군마에 있는 기술본부를 오가며 진행했다. '본사로 와라'가 아니라 "본사에서 갑니다."라는 전통에서 보듯 기술진이 우수하고 그들이 대접받는 회사였다.

군마현 오타시에 있는 기술본부로 가서 논의를 하던 요시나가는 기술자의 한 마디를 주목했다. "충돌하지 않는 자동차를 연구하고 있습니다."

1989년부터 개발을 시작한 '아이사이트'라는 충돌경감 브레이크 작동 시스템이었다. 장애물을 발견하면 자동적으로 브레이크가 걸리는 시스템이다. 다만 운전자가 자동브레이크에만 의존하지 않도록, 충돌 직전에야 브레이크가 걸리는 구조였다. 1999년부터 레거시 랭커스터에 장착했지만 장착 비율은 전체의 6퍼센트에 그쳤다. 비용 문제에다 '히트할 리 없다'는 판단에 따라 기술자들은 다른 부서의 빈자리를 이용해 연구를 진행하는 상태였다.

"아이사이트를 내세워봅시다." 군마 기술본부에서 요시나가가 이렇게 말하자 "아닙니다. 안전은 돈이 되지 않습니다."라며 기술진이 반대했다. "누가 그걸 증명이라도 했나요?" "자동차업계의 상식입니다." 하지만 그 상식은 대체 누가 정하는 걸까? 스바루의 DNA는 비행기를 닮은 조종 감각, 운전자가 운전을 즐길 수 있는 주행 성능, 그리고 고집스러운 안전 추구에 있었다. 열심히 찾았던 '강점'이 자신들의 DNA에 있다는 것을 요시나가는 비로소 알아차렸다. 기사회생의 답은 바로 안에 있었다.

요시나가는 TV 광고를 지시했다.

"미안하지만, 우리 회사가 사상 최대의 광고를 쏟아부어도 도요타의 10분의 1 규모예요. 광고 빈도로는 고객의 인상에 남지 않으니, '충돌하지 않는 자동차'로 집중해 봅시다."

과거 로드 스튜어트가 레거시를 타고 외국 거리를 달리던 것처럼 우아한 TV 광고가 아니었다. 실험장에서 여배우 이시다 유리코가 충돌회피 자동차를 실제로 체험해본 뒤 깜짝 놀라는 모습으로 '부딪히지 않는 자동차'를 집중적으로 부각시켰다. 첫 광고가 나간 직후 판매점마다 전에 없던 사태가 벌어졌다. 고객들이 잇따라 방문해 시승을 요청한 것이다. "직접 타봐야 알 수 있으니 꼭 시승해주세요."라고 말하는 영업사원의 목소리에서도 자신감이 묻어났다.

'안전과 즐거움'이라는 캐치프레이즈를 내세워 '충돌하지 않는 자동차'를 판매한 이후 생산공장이 판매 수요를 따라가지 못할 정도로 바빠졌다. 게다가 미국에서도 팬이 급증했다. 아이들 통학을 위해 여성들이 많이 운전하는 미국에서 '안전'이라는 가치가 단번에 수요를 불러일으킨 것이다.

팬만 늘어난 게 아니었다. 미국의 비영리단체 'IIHS(도로안전보험협회)'의 안전평가 인정제도인 '톱 세이프티 픽Top Safety Pick'에 스바루의 전 차종이 매년 연속 선정되는 쾌거를 이뤘다. 자동차 업계에서 유례가 없는 일이었다. 안심과 안전은 자동차 판매에 도움이 안 된다던 업계의 상식이 뒤짚혔다.

스바루의 첫 하이브리드 차 VX.

'드라이브의 즐거움'을 헤드카피로 내세워 거대 시장의 빈틈을 성공적으로 공략했다.

## 경쟁 궤도에서 벗어나는 순간 터득하는 것들

"스바루는 도요타와 경쟁하지 않습니다." 요시나가는 내게 말했다.

수평대향 엔진을 실은 스바루의 첫 하이브리드 차 'VX'를 시험주행로에서 처음 시승하던 날, 요시나가는 개발책임자에게 물었다. "어떤 하이브리드 차를 만들었나?" "드라이브를 즐기는 하이브리드를 만들었습니다." "오, 좋은데? 헤드카피도 그걸로 갑시다. 드라이브의 즐거움을 실감할 수 있는 하이브리드."

대다수 사람들은 하이브리드에서 저연비를 원한다. 그러나 그는 도요타의 프리우스처럼 거대한 시장 대신, 작은 회사가 살아남기 위한 강점을 부각시켜 최적 규모의 시장을 공략했다.

"바로 이 지점에 스바루가 살아갈 길이 보이지 않습니까?" 요시나가는 내게 반문했다. 기준을 바꾸더라도 그것이 본질에 닿아 있다면 소비자가 요구하는 가치와 맞아떨어진다.

생각해보면 요시나가가 존경하는 경영자가 그랬다. 젊은 시절부터 상사와 싸우는 '말 안 듣는 사원'으로 찍혀 다들 혀를 내둘렀다는 요시나가는 자기 삶의 기준점을 찾기 위해 방대한 양의 책을 읽는 다독가로도 유명했다. 하지만 그가 내놓은 독특한 견해에 대해 "젊은 놈이 무슨 소리하느냐?"는 꾸지람을 들어도 '젊은 놈'인 게 사실이니 반론할 수 없었다.

나의 사고 회로가 이상한 것은 아닐까, 의심도 했다. 그런 한편으로 자신의 생각을 검증하기 위해 끊임없이 독서를 했다. 그러다 만난 저자가 앨프리드 슬론이다. 1923년 GM 사장에 취임해 포드를 제치고 세계적인 기업으로 키워낸 경영자다. "슬론은 자동차가 패션산업이라는 점을 알아차린 최초의 인물입니다." 요시나가는 이렇게 설명했다. 슬론은 쉐보레, 폰티악, 캐딜락처럼 브랜드를 차별화하고, 검정 일색인 포드에 대항해 다양한 색상의 자동차를 내놓았다. 이런 식으로 대량생산을 이끈 천재경영자 헨리 포드를 이긴 것이다.

요시나가는 "디자인이든 색깔이든, 여러분이 원하는 대로 하세요."라고 당부했다. "내가 사내에서 강조하는 것이 있어요. '하고 싶은 말을 하는 사람을 홀대하지 말라'는 것입니다. 솔직히 말하자면, 상사가 지시하는 대로만 자동차를 만들어서는 절대 매력적인 결과물이 나오지 않거든요." 그리고 또 하나, 국내영업본부장이 되어 터득한 답은 가격과 규모의 경쟁에 나서지 않는다는 것이었다. 자본 규모가 큰 회사들과 같은 경기장에서 싸우다가는 치명상만 입는다. 작은 회사는 사람을 매료시키는 자기만의 가치를 무기로 삼아야 살아남는다. 이런 경영 축을 세워 성과를 낸 그는 2011년 사장에 취임했다.

스바루에서 시작된 충돌하지 않는 자동차는 이후 자동차 업계의 새로운 흐름이 되었다. '안전'이라는 가치에 한층 더 강한 순풍을 불러온 것은 카셰어링이었다. '타임즈' 등 불특정 다수에게 자동차를 시간 단위로 빌려주는 서비스가 늘어나면서 난폭운전자나 미숙운전자에 대한 대책으로 자동차 안전 기능이 점점 더 부각된 덕이다.

## 차고기업 '드라이브모드'가 태동한 순간

이제 자동차업계에서 환경과 안전은 당연한 가치로 자리잡았다. 그렇다면 그 이후 주목받는 가치는 무엇일까. 전기자동차 테슬라가 인터넷과 상시 접속하는 '커넥티드카'를 발표하기 전인 1997년, 혼다가 인터넷 내비게이션을 내놨다. 인터넷과 내비게이션을 조합한 서비스이다. 2000년대 초에는 도요타도 'G-BOOK'이라는 서비스를 시작했다. 스마트폰이나 SNS가 없던 시절, 내비게이션 시스템과 GPS로 교통정체 정보나 뉴스를 전하던 장치였다.

다만 당시는 커넥티드란 방식이 널리 알려지지 않은 시기였다. 게다가 연결 기능을 갖춘 렉서스나 그 이후 커넥티드의 상징처럼 된 테슬라는 고급차이다. 지금도 서민과는 관계없는 그림의 떡인 셈이다. 이 부문과 관련해 독창적인 사업을 시작한 젊은이들이 있었다. 미국 서부 해안에 거점을 둔 그 회사의 중심에 일본인 젊은이가 있다.

레드우드시티는 샌프란시스코 만에 접한 작은 마을이다. 어디에서나 볼 수 있는 주택가에 가로수, 교회, 마당 있는 집들이 늘어선 곳. 그 한쪽에 차고 셔터를 열어놓은 집이 있다. '드라이브 모드'라는 이름의 작은 회사다.

주민이 차고를 엿보며 "야 너희들 드라이브 모드지?" 하고 묻는다. 지나가던 남자는 마치 친구를 대하듯 "이 앱 쓰는 법 좀 가르쳐줘."라고 부탁한다. 혹은 갑자기 찾아온 낯선 사람이 "이런 기능을 추가해 주면 좋겠는데…."라며 주문하기도 한다. 바로 그 시간, 드라이브 모드 사람들은 일본의 어느 사무실과 한창 화상회의를 하는 중이었다. 방문객도 화상회의에 불쑥 끼어들어 일본 기술자와 상담을 했다고 한다. 친구 집에 놀러오듯 방문하는 사람들뿐 아니라 세계 각지에서 제안과 응원 메일이 쏟아진다. 더러 자동차보험 사업을 같이 하지 않겠느냐고 묻는 기업도 있다.

세계에 걸쳐 팬을 확보한 차고기업 '드라이브 모드'의 CEO 고가 요키치는 "실은 회사를 만들려던 게 아니라 여름 동안만 프로젝트로 하려던 거였습니다."라며 피식 웃는다. 취재하러 오는 언론은 한결같이 "실리콘밸리에서 스타트업을 하고 싶었습니까?"라고 질문하지만 사실은 '어쩌다 보니' 그렇게 된 셈이다. 그렇다면 왜 그토록 많은 사람들이 이 '어쩌다 보니' 회사에 몰리는 걸까? 1975년에 태어난 고가가 창업한 과정을 들어보자.

2013년, 미국에 살던 고가는 짜증이 나서 참을 수 없었다고 한다. 산 지 얼마 안 된 자동차 내비게이션이 "이게 뭐야." 소리가 절로 날 만큼 한심한 물건이었기 때문이다. 고가는 보스턴에서 세계 최대 카셰어링회사 집카ZipCar의 임원을 지냈지만 자동차에 대해서는 잘 알지 못했다. 그는 하버드 비즈니스스쿨 졸업자 명부를 꺼냈다. 자동차 이노베이션 기업인 테슬라에서 무어라도 힌트를 얻으려고 '테슬라에서 일하는 동창생이 없으려나.' 하며 찾았다. 딱 한 사람이 보였다. 지인

인 우에다 호쿠토였다. 1984년에 태어난 우에다는 자동차 부품회사 근무를 거쳐 장학금을 받고 하버드대에 진학한 뒤 테슬라 모터스의 공장 설립을 맡았다. '일론 머스크의 오른팔'로 알려졌던 인물이다.

"공장 좀 보여줘." 고가는 테슬라 공장에 가서 유선형의 몸체가 빛나는 전기자동차를 볼 기회를 얻었다. 거기서 들은 이야기는 의외였다. 테슬라를 충동적으로 구매하는 사람이 많다는 얘기였다. 핸들 옆 터치스크린에 표시된 앱이 매일 업데이트돼 스마트폰처럼 쓸 수 있다고 소개하는 것만으로 즉석에서 구입을 결정하는 사람이 의외로 많다고 했다.

"그 이야기를 들으면서 정말 이상하다고 생각했습니다." 고가는 당시를 이렇게 돌이켰다. "스마트폰을 할 수 있다는 이유만으로 1,000만 엔짜리 자동차를 충동적으로 산다는 사실에 놀랐죠. 즉 소비자는 일상적으로 당연한 걸 중시하고, 거기에 돈을 쓸 가치가 있다고 생각한다는 걸 그 순간 깨달았습니다." 이를 통해 고가는 단순한 결론에 도달했다. 사실 그들은 커넥티드 자동차를 원하는 게 아니라, 자신이 커넥티드 상태로 살고 싶은 거다.

스마트폰이 보편화된 지금은 인류의 다수가 커넥티드를 당연한 것으로 받아들인다. 그러나 핸들을 잡는 순간 커넥티드될 수 없는 갈등의 순간이 찾아온다. 스마트폰 메시지를 보고 싶어서 짜증이 날 지경이지만 그걸 손에 쥐는 순간 죄책감이 든다. 일상적으로 익숙해져 버린 것을 참는 일은 그야말로 고역이다. 앞서 말한 비데 화장실과 같은 논리다. 참을 수 없다면 테슬라를 사면 그만이지만 고가는 잘라 말한다. "누구나 테슬라를 살 수 있는 것은 아닙니다."


## 스마트폰으로 간단히 할 수 있는 것


마침내 신흥국 사람들이 저가 중고차를 살 수 있는 시대가 도래했다. 자동차를 타는 사람이 늘면 도로를 만들어야 한다. 머잖아 중국 내륙이나 인도, 미얀마에도 마이카 시대가 찾아올 것이다. 저가 중고차를 손에 넣은 사람들에게는 카내비게이션도, 카오디오도 그림의 떡이다. 일본 돈으로 20만 엔이나 하는 카내비게이션은 그들에게 차 한 대 가격과 맞먹는다.

바로 이런 맥락에서 우에다는 고가로부터 공동창업 권유를 받는 순간 '머스크의 오른팔' 자리를 포기했다. 우에다가 그 이유를 나에게 들려주었다. "자동차는 산 다음날부터 계속 낡아갑니다. 그러나 테슬라는 차고에서 밤중에 업데이트되어 다음날 새로운 체험을 할 수 있지요. 그것이 대단하다고 말하지만, 따지고 보면 스마트폰으로 간단히 조작 가능한 거잖아요."

이렇게 해서 그들은 운전자용 스마트폰 앱 개발을 시작했다. 실리콘밸리와 도쿄의 기술자들이 자원봉사자로 나서고 세계적인 디자인 컨설팅 기업 IDEO 간부가 디자인을 가르치러 왔다. 여기에 "투자할

운자자용 스마트폰 앱 개발업체인 '드라이브 모드'의 멤버.

왼쪽부터 두 번째가 우에다 호쿠토, 세 번째가 고가 요키치이다.

ⓒ 小田駿一

게요."라고 말하는 사람들까지 모이면서 그들은 벤처회사 공통창업자가 되었다.

운전대 옆에 설치한 스마트폰으로 내비게이션, 음악, 통화 등을 간단하게 조작할 수 있는 앱 'Dribemode'가 탄생하자 세계 각지에서 열렬한 팬들이 모여 커뮤니티가 형성됐다. 팬들은 앱을 자국어로 번역하고 싶다며 자원봉사를 자청해 수십 개 다언어 앱이 만들어졌다. 또 운전대에 부착해 스마트폰을 원격 조작하는 덴소의 상품 'KKP(쿠루쿠루피)'와 드라이브모드를 연결하기도 했다. 하지막 막상 KKP가 음악 앱과 내비게이션 앱에 연결되자 유럽 팬들에게서 불만이 터져나왔다고 한다.

"커뮤니티에 '덴소 제품을 샀는데 작동하지 않는다'는 코멘트가 올라왔습니다. 그 사람은 인연을 더듬어 일본인을 찾아낸 뒤 그에게 부탁해서 KKP를 개인적으로 수입했다고 해요. 수입에 상당한 돈을 썼고요. 연결이 안 되는 게 당연합니다. 덴소의 KKP는 일본 내 판매용이라 시스템이 다릅니다. 저희가 '그럼 당신에게는 특별판을 제공하겠습니다'라고 답글을 달자 다른 사람들이 너도나도 사고 싶다며 줄줄이 나선 겁니다. 그들은 자기들만의 팬 커뮤니티를 만들어 일본어 인터넷 사이트를 봐가며 수입 방법을 공유하고 있었습니다."

앱에서 피드백된 대량의 데이터로 사업을 하고 싶다고 제안한 기업도 있다. 특히 손해보험회사는 운전자의 운전 특성을 알고 싶어한다. 위치 정보, 급가속, 급브레이크 등 거의 모든 데이터를 드라이브

모드에서 얻을 수 있다. 운전 중 '포켓폰GO' 사용이 문제된 적 있는데, 지역에 따라 운전 중 페이스북을 보는 사람이 많은 곳도 있다. 둘다 위험한 행위다. 그리고 아시아인들은 내비게이션을 즐겨 쓰지만 유럽인은 음악 앱을 사용하고, 인도 사람은 문자메시지를 보면서 운전한다는 지역별 특성도 나왔다.

이렇듯 드라이브모드는 다종다양한 사람과 기업이 참여하는 오픈 참가형 기업이라고 말할 수 있다. 카내비게이션에 짜증났던 고가의 경험이 창고와 세계를 이어준 셈이다. 하지만 알고 보면 그의 인생은 이전부터 그런 식이었다. 자신의 성적이 편차치(표준점수에서 환산한 값) 30대라는 사실을 견딜 수 없어 죽어라 공부한 뒤 메이지대학에 합격했으나 현실에 만족하지 못해 하버드대학교로 유학을 떠났다. 메이지대에서 하버드대로 유학을 가는 사례는 매우 드물다. 그 이후 집카 등을 거쳐 실리콘밸리로 가서 그는 전도유망한 벤처캐피털리스트가 되었다.

'세계가 무섭게 바뀌는데도 아무도 나서지 않으니 내가 직접 나서 바뀌는 세상에 대처하겠다.' 이것이 고가의 창업 출발점이었다. 그는 말한다. "제가 옛날부터 좀 고집부리는 성격이어서…."

**5장**

# 예능의 사회적 역할로 승부하다

## 요시모토코교가 쏘아올린 '스미마스 개그맨'

## 정통 연예계 바깥에 무엇이 있었길래…,

2018년 초 어느 날, 일본 최대 코미디 연예기획사 요시모토코교吉本
興業에 있는 지인에게서 전화가 걸려왔다. 이벤트 선전이겠지, 생각
하며 전화를 받았다. 그런데 상대가 뜻밖의 이야기를 꺼냈다. "이번
에 그라민은행의 무함마드 유누스 씨와 요시모토코교가 함께 새로운
회사를 만들기로 했습니다. '유누스·요시모토 소셜액션'이라고 합니
다." 말을 끊고 물어보려 했지만 상황을 이해할 수 없어 가만히 듣고
만 있었다. 그러자 수화기 너머에서 그가 "어떤 식으로 일이 진행될
까요? 정말 모르겠네요."라고 혼자서 개그하듯 말을 이었다.

　무함마드 유누스는 노벨평화상을 수상한 마이크로크레디트의 창
업자이다. 무담보로 소액 출자를 하는 '소셜 비즈니스'의 제창자로도
알려져 있다. 그런 그가 요시모토코교와 함께 회사를 만든다고 하니,

얼마 전 설날 특집으로 TV에서 본 그 회사 소속 개그맨 '뭐래도 웃는 야스무라'의 벗은 몸이 떠올랐다. 그 정도로 유누스 · 요시모토코교의 조합은 어울리지 않아 보였다.

하지만 곰곰이 생각해보니 최근 요시모토코교가 벌이는 일련의 신규 사업 프로젝트들은 일사천리로 실행되고 있었다. 그 전화가 걸려 오기 2주쯤 전, 요시모토코교 사장 오사키 히로시는 가고시마 시청에 있었다. 가고시마시와 상호협력협정을 체결하는 자리였다. 가고시마 시장과 난카이 캔디즈(요시모토코교 소속 개그 듀오 그룹)의 '시즈짱'이 함께 기자회견을 가졌다. 2018년은 메이지유신 150주년을 맞는 해였다. 이와 관련해 분위기가 달아오른 사쓰마가고시마의 행사를 시즈짱이 맡는다고 했다. 요시모토코교는 홋카이도나 후쿠시마현 등 다른 지방자치단체와도 포괄 협력 제휴를 맺어 지역 활성화 사업을 벌이고 있다. 가고시마에서 기자회견을 하기 보름 전에는 벤처기업 투자를 위한 '요시모토 벤처펀드' 설립을 발표했다. 이것도 의외라면 의외다.

요시모토는 로봇연구소와 협력해 소프트뱅크 모바일의 인간형 로봇 '페퍼' 개발에도 참여했다. 또 대만의 '화산1914문화창의산업원구 華山1914文化創意産業園區'안에 콘텐츠 발신거점인 '화산 Laugh&Peace Factory'를 만들고, 오사카성 공원에 방일 관광객을 위한 시설을 조성하는 사업에도 나서고 있다. 유엔이 제창하는 탈빈곤, 성평등, 교육의 기회 등 17개 지속가능한 개발 목표SDGsSustainable Development

Goals 홍보도 돕는다.

이런 신규 사업은 경영 다각화라기보다 특정한 목표를 지향하는 느낌이다. 과거 오사키 사장을 몇 차례 인터뷰할 때 그가 이런 말을 했기 때문이다. "지금까지 희극은 아래에서 위를 꼬집어 권력을 향한 반골기질을 내보여서 웃음을 유도하는 것이라고 모두 생각했을 겁니다. TV 시대가 된 뒤로 TV라는 미디어에 적응하는 만담이나 요시모토 신희극이 나왔습니다. 일본이 성장할 때 희극도 방송사에 곁다리 붙어 계속 성장한 셈이죠. 그러는 사이에 시청률로 이겼다 졌다, 강하다 약하다를 판단하는 기준이 생겼습니다. 일본 전체가 마찬가지입니다. 하지만 그런 시대는 이제 끝났어요. 지금까지의 자본주의가 아닌 새로운 형태의 조직을 목표로 삼지 않으면 안 됩니다. 그런 시기를 겪은 저는 2009년 사장이 된 뒤로 '희극의 사회적 역할은 무엇일까'를 줄곧 자문했습니다."

오사키가 말한 '시청률로 이기고 지고를 판단하는 것과 다른 기준'이란 무엇일까? 그의 생각을 유추해볼 만한 두 가지 일화가 있다. 하나는 1989년 "요시모토 가게쓰 극장처럼 큰 무대에서는 할 수 없는, 여기서만 할 수 있는 것을 하자."라며 젊은 연예인들을 모아 만든 '신사이바시스지니초메心斎橋筋2丁目 극장'이다. 이곳은 소속 연예인들인 다운타운, 히가시노 고지, 이마다 고지 등이 아직 무명이던 시절 '안티 요시모토, 안티 가게쓰' 콘셉트로 만들어진, 한마디로 요시모토코교의 본류에서 벗어난 소극장이다.

또 다른 하나는 이 극장 관련 기사를 읽은 사람이 오사키에게 보낸 편지로 시작됐다. 발신인은 분야가 전혀 다른 조긴종합연구소 국제 사업부 나카타 히로시였다. 오사키를 만나기 위해 오사카에 온 나카타는 두툼한 보고서 하나를 건넸다. 제목은 〈요시모토코교는 아시아의 CAA가 될 수 있을까〉였다. CAA란 미국을 대표하는 연예기획사 '크리에이티브 아티스츠 에이전시'의 약자다. 브래드 피트, 스티븐 스필버그, 밥 딜런, 톰 크루즈, 마돈나 등 쟁쟁한 스타들이 CAA에 소속돼 있다.

"이게 대체 뭔가요?" 오사키는 자신을 선배라고 부르는 나카타에게 물었다. 간사이대학 후배라고 자신을 소개한 나카타는 이렇게 설명했다. "CAA의 창업자 마이클 오비츠는 할리우드를 바꾼 남자입니다. 영화와 TV 드라마를 제작하면서 기업 프로모션부터 M&A 중개까지, 말하자면 패키지 시스템을 만들어 할리우드를 바꾼 남자지요." 오사키는 흥미를 보이며 대꾸했다. "아, 미국은 그런가요. 조금 더 설명해보시게."

1980년대를 지나 1990년대로 들어서던 시기였다. 오사키는 당시를 회상하며 말했다. "나카타를 처음 만난 것은 내가 이마이쿠요쿠루요 씨의 화려한 의상을 들고 지방 영업을 다니던 시절입니다. 신사이바시스지에 작은 극장을 만들어 만담이나 코미디를 하고 있을 때 위성방송이 시작된다는 이야기가 들려왔습니다. 전파가 하늘에서 떨어지듯 내려온다는 거였죠. 그렇게 전 세계 채널을 볼 수 있다는 이야기가 떠돌던 즈음, 미국 연예계 이야기를 들은 저는 충격을 받았습니다. 일본 '정통 예능계'가 어딘가에 가게를 내고 열심히 하는 데서 나아가 새로운 비즈니스 모델을 찾아야 한다고 느낀 거죠."

하늘에서 전파가 내려온다…. '정통 예능계'에서 현업을 강화하던 그가 새로운 시대를 예감하던 때, 주변 사람들은 어땠을까? 새로운 시대의 개막을 느끼면서도 남의 일처럼 수수방관하거나 아예 예감조차 못 하는 사람이 대다수였다. 하지만 그 무렵, 다채널이나 인터넷 같은 기술적 진보만 다가오는 게 아니었다. 저출산 고령화 및 낡은 사업과 지방 쇠퇴가 시시각각 몰려오고 있었다.

## 안티 요시모토 정신이 만들어낸 새로운 공간

코미디의 역사는 '장場'의 이동 및 변화의 역사다. 《요시모토코교 105년사》라는, 백과사전처럼 두꺼운 책이 있다. 2012년 창립 100주년을 맞아 100년사를 만들던 중 사진을 꼼꼼히 넣으려다 타이밍을 놓치는 바람에 '105년사'가 되었다는 사사社史이다. 열중해서 읽다보니 연예계 '장'의 변천이 눈에 들어왔다.

상징적인 사건은 1930년 '폭소왕'으로 불리며 인기를 끌었던 라쿠고落語(에도시대에 시작돼 지금까지 이어지는 일본의 화술 기반 전통예술 장르) 거장 가쓰라 하루단지가 NHK 라디오에 출연한 일이었다. 당시

요시모토코교는 소속 연예인의 라디오 출연을 엄격하게 금지했다. 고객이 극장을 찾지 않을까봐 우려했기 때문이다.

화가 난 요시모토코교는 '계약 위반'을 사유로 하루단지의 재산을 차압하기로 했다. 집달관이 하루단지의 집으로 가서 가재도구에 차압증을 붙이려 하자 하루단지는 "이 집에서 가장 값나가는 것은 내 입이다"라면서 자신의 입에 손수 차압증을 붙

1930년대 일본 코미디를 대표했던 가쓰라 하루단지.

였다. 그러고는 취재하러 온 신문기자들에게 이 광경을 사진으로 담게 했다. 다음날 아침 하루단지의 우스꽝스런 사진이 신문에 실리자 사람들이 박장대소했다. 그의 인기도 당연히 치솟았다. 그뿐 아니다. 라디오에서 하루단지의 라쿠고를 들은 사람들이 직접 하루단지를 보고 싶다며 호젠지요코초의 '난치카게쓰'로 몰려든 것이다.

상황이 이렇게 돌아가자 요시모토는 노선을 바꿔 라쿠코 공연을 라디오로 중계하기 시작했다. 라디오 프로그램에는 스폰서가 붙으며 백화점 행사까지 열렸다. 이 일을 계기로 요시모토는 NHK와 손을 잡는 등 매스미디어와 적극적으로 공존하는 길을 걸었다. 하루단지의 라디오 출연이 요시모토코교의 이후 사업 전개에 절대적인 영향을 끼쳐 비즈니스 모델이 된 것은 말할 것도 없다. 인기 있는 사람을 둘

러싸고 모이는 폐쇄형을 고수하는 대신 밖으로 문을 열었더니 더 큰
이익이 굴러왔다는, 신규 사업 탄생 스토리이다.

시간이 흐르면서 개그맨 활동의 장에는 TV가 추가되었다. 1980년
대 일본에 만담 붐이 일면서 만담가가 TV의 간판이 된 사실은 누구
나 안다. TV만이 아니라 레코드, 책, 드라마로 개그맨의 활동 영역이
넓어졌다. 더 본치의 음반 '사랑의 본치시트'는 오리콘 차트 2위에 랭
크될 만큼 히트했고, 닛폰부도칸에서 콘서트까지 열었다. 아카시야
산마가 트렌디 드라마 '남녀 7인의 여름 이야기'에 출연했고, 시마다
신스케는 '선데이 프로젝트'라는 뉴스 프로그램 사회를 맡았다.

'장'은 물리적 공간이나 일하는 영역만이 아니라고 생각한 오사키
는 스태프의 사고방식과 에너지까지 아우르는 '장'을 어떻게 만들어
낼까 고민했다. 앞서 말한 신사이바시스지니초메 극장은 원체험이라
고 해도 좋을 것이다. 난카이전철이 소유한 홀에서 '신사이바시스지
니초메 극장 in 난카이홀'이라는 행사를 열기도 했던 그는, 난카이전
철과 임대 계약이 끝나자 그 홀을 개조해 객석 140석짜리 작은 극장
을 만들었다.

'안티 요시모토, 안티 가게쓰'라는 콘셉트가 만들어진 과정은 다음
과 같다. 오사키의 삶을 다룬 책《웃는 놈은 잠도 잘 잔다, 요시모토
코교 사장 오사키 히로시 이야기》에 이런 대목이 나온다. 만담 붐 직
후의 이야기다.

도쿄의 현장을 경험하고 오랜만에 돌아온 오사카 개그계는 만담 붐 같은 건 없다는 듯 구태의연한 세계 그대로였다. 개그맨은 개그맨답게 고객이 원하는 연기를 무대에서 보여야 한다. 작은 극장에서 출발해 착실하게 실력을 쌓아 큰 무대로 나아간다는 사고방식 말이다. 요시모토의 경우 오사카 난바카게쓰 극장을 정점으로 품격 있고 큰 무대에 손님을 부르는 개그맨이 '좋은 상품'이라는 고정관념이 강했다.

그러나 시대의 주역은 극장에서 TV로 옮겨갔다. '와랏테이이토모!(웃어도 좋아!)'에서 산마와 다모리의 프리토크가 큰 인기를 끌던 시기다. 그리고 극장과 TV 스튜디오는 요구하는 연기와 내용이 크게 달랐다. (중략) 800석 규모인 난바카게쓰 무대에서 "깜짝 놀랐네!"라고 말할 경우, 객석 뒤까지 전달하려면 몸짓과 손짓을 섞어 과장되게 소리쳐야만 한다. 반면 100석 남짓 니초메 극장 공연은 도쿄 TV 스튜디오 분위기와 비슷하다. 그래서 나는 가까이 지내는 젊은 개그맨들 위주로 도쿄 방송사와 분위기가 유사한 작은 극장을 만들어보기로 했다.

그러나 요시모토 상부는 이 같은 '미디어 간 차이'를 좀처럼 이해하지 못했다. 몇 번이고 논쟁했지만 마지막엔 언제나 "그건 됐고, NSC 졸업생을 하루라도 빨리 가게쓰 무대에 설 수 있는 연예인으로 키우라"는 주문뿐이었다.

'아무것도 알지 못하는 놈들뿐이야! 너희들 모두 틀렸어. 그만 됐어! 이제는 안티 요시모토, 안티 가게쓰다!' 그런 생각을 품었던 나는 '안티 요시모토, 안티 가게쓰' 정신을 라디오를 통해 요시모토의 선후배들, 나아가 간사이의 TV와 라디오 업계 전체를 향해 선언하고 싶었다.

－《웃는 놈은 잠도 잘 잔다, 요시모토코교 사장 오사키 히로시 이야기》
중에서

이 책에 따르면 그 시절 오사키는 수시로 좌천되거나 발목을 잡혔다. 데뷔 때부터 함께 한 다운타운이 인기를 얻었을 때는 매니저에서 제외되는 수모를 당하기도 했다. 그를 둘러싼 근거 없는 소문이 떠돌았고, 이래도 계속할 거냐는 협박까지 당했다. 돌아보면 그 자체가 한바탕 희극이었다.

이렇게 키운 안티 정신을 바탕으로 신사이바시스지니초메 극장이 탄생했다. "가게쓰의 큰 무대에서는 할 수 없는, 여기서만 할 수 있는 것을 하자. 이 극장에서 인기를 끌어도 가게쓰에는 절대로 출연시키지 않는다! 그게 마음에 들지 않으면 요시모토를 그만두어도 좋다!" 그는 단원들에게 이렇게 말했다고 한다.

말이 극장이지 본래 이벤트 장소였던 곳이고 스태프도, 예산도 없었다. 조명, 음성, 믹서를 비롯해 소도구를 만드는 미술, 분장, 의상, 청소, 티켓 확인 인력까지 일일이 모으지 않으면 안 되었다. 분장은 하이힐 모모코의 옛 친구가, 대도구는 거물 방송작가와 싸우고 회사를 그만둔 사연 있는 사람이 맡았다. 그 외에 고등학교를 중퇴하거나 등교 거부한 사람이 스태프로 참여하는 등 업계의 낙오자를 이리저리 그러모았으니 '도쿠리쓰구렌타이獨立愚連隊' 같은 집단이었다.

출연하는 연예인들 역시 무명 연기자뿐이었다. 이 극장에서 오사키가 특히 역점을 둔 것은 스태프들도 연기자와 같은 열정을 갖고 무대를 준비하도록 유도하는 것이었다.

가령 어떤 콩트를 무대에 올린다고 치자. 공연이 시작되기 직전, 연기자가 대본보다 더 재미있는 내용이 떠올라 그 연기를 하고 싶은데 그러자면 하리센(우리나라 쥘부채와 유사한 일본의 만담용 도구) 10개가 필요하다고 말한다. 가게쓰의 무대라면 대답은 뻔하다. "갑자기 그렇게 말하면 어떡하나? 불가능해, 무리야 무리." 그러나 이 극장에서는 정반대였다. "OK! 그거 재밌겠는데."라는 반응과 동시에 소도구 담당자가 즉각 준비에 나서고 의상과 조명 담당, 음성 담당도 함께 움직였다. 싫은 표정 없이 모든 스태프가 재미있는 무대 연출을 위해 분주하게 일한 것이다. 연기자와 스태프뿐 아니었다. 티켓을 확인하는 아르바이트 직원에게도 방청객들과 친분을 쌓아 "오늘은 누구 보러 왔어?" "와, 너 지난 주에도 보러왔잖아."라는 식으로 이야기를 걸도록 주문했다. 마케팅이라고 할 것까진 없지만, 그런 식으로 방청객의 취향이나 그들이 어떤 공연을 원하는지 파악할 수 있을 거라고 생각했다.

– 앞의 책에서 인용

이후 "오사카에서 언제 폭동이 일어나도 이상하지 않은 장소 1위로 가마가사키, 2위가 니초메 극장 앞"이라는 말이 돌 정도로 이곳은 여고생을 중심으로 한 젊은이의 핫플레이스로 거듭났다. 그리고 1987년 설날 아침, 〈아사히신문〉 오사카판에 다음과 제목의 기사가 실렸다. '니초메 현상.' 니초메는 어느새 사회현상이 되어 있었다.

## 사우나에서 탄생한 신사업 아이템

그로부터 30여 년이 지났다. '안티 요시모토'를 부르짖던 장발의 오사키는 백발 성성한 요시모토 사장이 되었다. 그는 니초메 극장 일을 "시청률 경쟁과는 다른 형태의 개그 연기를 무에서부터 만들었던 경험"이라고 말한다. "방청객 열기와 스태프의 투지가 다 함께 부풀어 올랐던 시기죠. 당시 무명이던 다운타운과 이마다 고지, 히가시노 고지 등에게 '너희들 반드시 인기를 끌 거다!' 주문을 걸듯 말하면서 극장에서 먹고 자며 개그와 콩트를 짰습니다. 무엇 하나 제대로 아는 게 없었지만 니초메 극장에서 뼈대를 만들었고, 어떻게 하면 피와 살과 신경을 만들어낼 수 있는지도 배웠습니다."

시청률 경쟁과는 다른 '장' 만들기는 세월이 지나면서 다른 형태로 진화했다.

2010년이 저물어가던 12월 말, 매일 다니던 도쿄 혼고 하쿠산도오리의 공중목욕탕 사우나에서 일어난 일이 계기였다. 오사키가 오카모토 아키히코(현 부사장)와 잡담을 하는데 사우나의 NHK 뉴스에서 '지방 젊은이 취직난'을 다루는 보도가 나왔다.

"연예계에 몸담은 우리는 새로운 사업이나 고용을 창출하지도 못하고 정말 형편없군." 이렇게 농담처럼 자책하던 오사키는 문득 요시모토코교에는 도쿄나 오사카에서 인기를 얻지 못한 젊은 연기자가 산더미처럼 많다는 사실을 떠올렸다. "그 친구들의 의향을 물어서 고향 본가에 어릴 적 방이 그대로 있다면 그곳을 '요시모토코교 ○○사무소'로 삼아 활동하게 하면 어떨까."

농담으로 던진 얘기였지만 오카모토가 잠시 나간 뒤 혼자 남은 오사키에게 한 가지 기억이 떠올랐다. 입사하고 3년 차, 만담 붐이 일었다. 신칸센을 타고 도쿄와 오사카를 오가며 도쿄 TV 방송사를 돌다보니 어느새 자신이 '정통 예능계' 사람이 되어 있었다. 신칸센으로 오사카와 도쿄를 오가며 차창 밖을 보다가 문득 '저 간판은 무얼 하는 집일까?' 혹은 '저 연기는 무슨 연기일까?' 궁금해한 게 한두 번이 아니었다.

보통 사람들은 어떤 생활을 하고 있을까? 보통 회사, 보통의 일이라는 것을 도대체 나는 어디까지 알고 있을까? 개그의 출발점은 사람들의 생활 속, 공동체와 커뮤니티에 있다. 그곳을 알지 못하고 사람을 웃길 수 있을까? 지방이나 지역에 안테나를 세워 정보를 공유한다면 회사가 잘못된 길로 나아가는 일은 없을 거라는 생각을 했었다. 사장이 되고 나서도 그의 머리에는 계속 그런 생각이 맴돌았다.

오카모토가 사우나로 돌아왔을 때 오사키가 제안했다. "이거 한번 추진해보세." 오카모토는 그 자리에서 "내일 재무팀에 확인해보겠습니다."라고 대답했다. 그러고 나서 일주일도 지나지 않은 2011년 1월 4일, 홈페이지에 모집요강을 공개했다. 이색 프로젝트 '전국 47개 도도부현都道府縣 당신의 마을에 삽니다 프로젝트'였다. 연기자와 스태프가 그 마을에 눌러 살면서 지역 기업, 지자체, 주민과 함께 마을 부흥을 꾀하고 자신의 생활비도 번다는 구상이었다.

"재무팀에 물었더니 2억 엔 정도는 가져다 쓸 수 있다고 하더군요. 한번 시도해보기로 했습니다." 연기자와 스태프에게서 의외로 열렬한 반응이 나온 데다 일반인들의 스태프 지원 응모가 쇄도했다. 스태프를 내정한 뒤인 3월 11일 동일본 대지진이 났다. 오사키가 이렇게 말했다. "4월 1일이 입사식이었습니다. 한 사람 한 사람에게 발표를 시켰더니 가슴을 펴고 당당하게 포부를 말했습니다. 지방에 가서 그 지역 사람들과 열심히 하겠다고요. 지진 직후라는 영향도 있어서 어떤 신입사원은 눈물을 흘렸고, 그걸 본 저 자신도 울컥했지요."

오사키는 사장 취임 후 주식 상장을 폐지했다. 요시모토는 도쿄증권거래소 상장 49년째를 맞는 전통 있는 기업이었지만 지방, 아시아, 디지털 세 가지를 축으로 승부를 걸기 위해 창업가, 자산관리회사 등 14개 회사가 출자하는 출자회사 '퀀텀 엔터테인먼트 주식회사'

의 TOB(주식공개매수)를 실시해 상장을 폐지한 것이다. '이제부터 일본 경제는 결코 성장 일변도로 나아갈 수 없다, 더 이상 TV 방송사의 광고 수입에 기댈 수 없다'는 것이 비상장을 결정한 이유였다. 안정된 주주 아래 경영을 해가면서 승부를 걸겠다는 판단이었다.

## 도쓰게키 파인애플, 홈런을 치다

'스미마스すみます(지역에 같이 산다는 뜻) 개그맨'으로 불리는 프로젝트 아래 연기자들은 지역의 수요를 발견한 뒤 '개그'로 파고들었다. 앞서 언급한 가고시마시 제휴 기자회견에서 사회를 본 가고시마 스미마스 개그맨 '도쓰게키 파인애플' 콤비 역시 오사카에서는 좀처럼 인기를 끌지 못한 연예인이었다. 그런 그들이 가고시마 '스미마스 개그맨'으로 임명된 후 '가고시마 웃음 활성화 프로젝트'라는 것을 고안해 냈다.

그 신호탄이 '사쿠라지마다이콘야쿠샤櫻島大根役者 극단'이다. 주민과 극단을 만들어 사쿠라지마의 공공숙박시설 무대에서 분화噴火를 소재로 한 개그를 선보였다. 늘 성가시던 화산재가 어느 날 갑자기 사라지자 당혹스러워 하는 지역 주민의 모습을 우스꽝스럽게 묘사한 이 개그를 지역신문과 TV가 역발상으로 '지역의 매력을 재발견'했다면서 높이 평가했다. 그러자 시에서 극단 운영비를 지원하겠다고 나섰다.

요시모토코교의 이색 프로젝트로 탄생한 스미마스 개그맨들.

스미마스 개그맨은 해외에도 진출했다. (요시모토코교 제공)

도쓰게키 파인애플은 여기서 한 발 더 나아가 히트를 쳤다. 다이하쓰코교(일본의 중고차 직거래회사)와 요시모토코교가 기획한 경차 '캐스터' 프로모션에서 그다지 알려지지 않은 전국의 재미난 장소를 찾아낸 후 그곳과 관련된 사람이나 일화를 알리는 영상을 전국 다이하쓰 판매회사와 스미마스 개그맨이 만들었다. 그 중 도쓰게키 파인애플의 영상이 인터넷 투표에서 18만 표를 얻으며 압도적인 1위를 차지한 것이다.

그들이 소개한 장소는 미나미큐슈시에 있는 '해마海馬 하우스'라는 작은 양식장이었다. 지역 사람들도 잘 모르는 장소였지만 '해마는 암컷이 낳은 알을 수컷이 배에 품고 부화해 육아도 하는 신비로운 생태'라는 점에 착안해 '생애 리피트법'이라는 것을 내놓았다. 암컷이 수컷에게 알을 전하는 모습이 하트 모양인 것을 인연 맺기로 묘사하면서, 복된 결혼과 '보물 같은 아이들 순산을 기원'하는 노래를 불렀다. 또 해마가 꼬리를 해조류나 산호에 감아 몸을 고정하는 것에 착안해 '산후 조리에'(일본어는 '산호' '산후'의 발음이 '산고'로 같다)라며 "자양강장이나 미용에 좋아서 가노우 자매(작가이자 포토그래퍼로도 활동하는 일본의 유명 방송인)도 정기적으로 통신판매로 가공품을 구입하고 있답니다."라고 소개했다.

인터넷에 영상이 공개되자 2017년 골든위크 기간에 전국에서 1만 명의 독신 여성이 몰려들었다. 관광 명소가 된 '해마 하우스'를 찾아간 여성들은 수조에서 헤엄치는 해마를 보며 두 손 모아 기도하고 거기서 만든 부적을 샀다. 매출은 전년 대비 두 배로 뛰며 역대 최고를 기록했다고 한다.

개그맨은 본래 사람을 웃기는 일에 열정을 쏟는 이들이다. 지자체 관광과의 아이디어보다 재미없을 이유가 없다. 이런 식으로 스미스마스 개그맨들은 전국 각지에서 관광사업을 벌였다. 와카야마현 귤 농가의 인력 부족을 해결하기 위한 구인 홍보라든지, 가전양판점의 상품설명회 지원 등도 이색적이다. 라디오나 이벤트의 사회, 상공회 간사, 손님 모으기, 기업들 간 매개도 했고, 오키나와에서는 블루실 아이스크림이나 오키나와모리나가유업과 협력해 기간 한정 상품도 개발했다. 지역을 활기차게 만들기 위해 개그 '컬래버레이션'이라는 분야를 활짝 열어젖힌 것이다.

그 후 47개 광역지자체뿐 아니라 '아시아 스미마스 개그맨'으로까지 임명돼 각국에 부임했다. 물론 그 나라 말도 모르고, 아는 사람도 없다. 맨땅에서 무언가를 만들어내 보라는 것이다. 그 결과 인도네시아에서 '더 스리'라는 트리오가 큰 인기를 끌고 있다. 노래하며 춤추는 리듬 개그라는 것이 없던 인도네시아에서 시험 삼아 해본 게 대박난 것이다. '더 스리'가 공연할 때면 "Tida apa-apa!(티다 아파아파. 문제없어요)"가 터져나오고 TV에 출연하지 않는 날이 없을 정도다. 이제 그들은 TV 사회자이자 대형 편의점 광고모델로 활동하는 등 출연 요청이 쇄도하는 스타로 우뚝 섰다.

## 행복을 선물하는 피에로처럼

오사키는 "생각지도 않았던 성공인 셈이지요."라고 했다. "스미마스 개그맨 사업을 시작하는 데 2억 엔의 경비가 소요된다는 말을 실무자로부터 들었을 때, 사실 그 정도 적자는 감수하자고 마음먹었습니다. 그런데 첫 해부터 흑자였어요. 본업으로 버는 연 수입이 고작 수천 엔대에 머물던 무명 개그맨들이 스미마스 개그맨으로 활동한 뒤에는 본업만으로 자립할 수 있게 됐습니다. 역시 개그는 지역 사람들과 함께 해야 하는구나, 그런 생각이 자꾸 듭니다." 그는 한동안 잊고 지내던 진실을 새로 발견한 것 같다고 말한다.

'스미마스 개그맨' 프로젝트의 사업전략이나 수익모델에 대한 구체적 시나리오가 있었느냐고 물으니 아니나 다를까, 오사키는 이렇게 대답했다. "그런 건 없습니다." 그러고는 다음과 같은 이야기를 덧붙였다. "유명한 탄광 에피소드가 있습니다. 열심히 일하는 사람이 아홉 명인데, 모두를 웃게 만들 뿐 일은 전혀 하지 않는 노동자 한 명이 있었습니다. 경영자는 그 한 사람을 해고해버립니다. 그랬더니 생산 효율이 뚝 떨어졌다는 이야기입니다."

요시모토코교 전체가 이런 피에로 역할을 해야 한다고 그는 말한다. 계기나 장을 만드는 광대라는 얘기다. "각 지역에는 지역 특유의 웃음거리가 있습니다. 중앙의 경쟁과는 전혀 다른 기준이지요. 오사카에는 주민들의 요청에 따라 대중목욕탕이나 마을 공장으로 라쿠고

나 만담꾼을 불러 공연하는, '앳 홈 객석'이라는 전통이 있습니다. 늘 어놓은 방석에는 아이들도 앉습니다. 유명 연예인이 아니더라도, 노래자랑이나 만담 같은 것을 함께 보며 웃는 단순한 공동 체험만으로 공동체에 활기가 생깁니다. 개그의 수요를 하나로 모으고, 개그를 마음의 인프라로 만드는 방식이지요. 높은 시청률을 목표로 하고 자본주의 행태에 예민해진 개그와는 전혀 다른, 지극히 친근한 감정을 담은 개그입니다. 요시모토코교는 그 두 가지 작업을 동시에 해나가야만 합니다."

2018년 1월 '유누스·요시모토 소셜액션'이 출범했다. 출범식이 있기 얼마 전, 요시모토코교와 사업을 하는 한 여성이 일본을 방문한 무함마드 유누스를 오사키와 만나도록 주선했다. 오다이바의 호텔에서 식사를 하며 그 여성이 그간 사회문제 해결에 나서온 요시모토의 이력을 설명했다. 유누스는 그것을 마음에 들어했고 곧바로 프로젝트 설립으로 이어졌다는 것이다.

"일본이라는 선진국에도 빈곤은 있습니다." 오사키는 말한다. "지역에 따라 빈곤의 양상이 다를 뿐이죠. 엔터테인먼트 기업이 개그를 통해 그런 문제를 유쾌하게 해결하는 방식을 유누스 씨가 재미있다고 생각한 겁니다. 유누스 씨의 신조가 즐겁게 일하자는 겁니다. 바로 그래서 요시모토와 같이한 거죠."

스미마스 개그맨은 그 지역의 사회문제를 잘 안다. 농가의 일손 부족부터 왕따나 환경문제까지. 무엇을 해결하면 주민들이 좋아할까를 알고 있다. 그래서 지역밀착형 개그맨이 '유누스·요시모토 소셜액션'에 과제를 제안한다. 해결을 위해서는 기업과 협력하거나 특별한 노하우 및 자금을 투입할 필요도 있다. 이처럼 개별 문제마다 프로젝트를 꾸려 '행복을 선물로 전해준다'는 게 유누스·요시모토 소셜액션의 목표다. 유누스의 소셜 비즈니스 원칙이 '이익 최대화가 아닌 사회문제 해결'이므로 투자한 사람은 투자액을 회수하지만 그 이상 배당은 받지 않는다. 클라우드 펀딩까지 포함해 자금을 모아 해결하고, 그 해법을 지역이 공유한다. 유누스와 엔터테인먼트가 힘을 합쳐 소셜 비즈니스로 사회문제를 해결하는 순환형 모델을 만들겠다는 것이다.

요시모토는 과거 오사키가 충격을 받았다는 미국의 연예 에이전시 CAA와는 또 다른 형태의 엔터테인먼트 종합상사를 만들어가고 있다. 오사키는 "지역 사람들과 교류하며 땅을 일구어내듯 일하자는 게 우리의 정신이죠. 드디어 그 입구에 선 듯한 기분이 듭니다."라고 말했다. 그리고 이렇게 덧붙였다. "우리처럼 연예계에 몸담은 사람이 먼저 조금씩 변하면 결국 사회가 바뀌고 나아가 일본도 달라지지 않을까, 저는 그렇게 생각하지요."

**6장**

# 장인정신이 첨단기술과 만날 때

## 중소기업 미쓰후지의 통쾌한 변신

## 진료소에서 자동차정비업까지, 사라지는 업종들

2016년 2월 NHK '클로즈업 현대'는 '흑자기업이 사려져 간다 ~자발적 폐업 3만 개 회사의 충격'이라는 프로그램을 방송했다. 세계적으로 자랑하는 기술을 지닌 일본 우량기업이 폐업의 낭떠러지로 내몰리는 상황을 조명하면서, 전 세계 학교에서 애용하는 '잘 부러지지 않고 부드러운 분필'을 제조해온 회사가 경영을 승계할 사람이 없어 어려움을 겪는 현실을 집중 소개했다.

'대폐업 시대'라는 말이 언론에서 자주 거론된다. '3만 개 회사의 충격'이라는 NHK 프로그램 제목처럼 지금껏 들어본 적 없을 만큼 그 규모가 큰 데다, 일본이 세계 진출의 무기로 삼은 기술과 지혜마저 빼앗긴다는 위기감이 가중됐기 때문이다.

우선 숫자를 보자. 2011년부터 그 이듬해에 걸쳐 자발적으로 경영을 포기한 '휴폐업 및 해체' 회사 숫자가 자금난으로 부도난 회사의 서너 배였다. 그 후에도 폐업 숫자는 계속 늘어 2016년 사상 최대인 2만 9,580건에 이르렀다. 도산 건수의 3.5배이고 2000년 폐업 규모의 약 2배이다.

숫자만으로는 잘 드러나지 않는 뒷이야기가 있다. 특히 오사카 등 중소기업이 밀집한 지역을 다니다 보면 단골 화제로 오르는 말이 "후계자가 없다"와 "인력 부족"이다. 게다가 가족기업의 경우 마치 TV 드라마처럼 집안 내부 사정이 얽히고설켜 M&A로 흡수합병하는 식으로 간단히 해결하기도 어렵다. 일만 아는 완고한 아버지, 좀체 자기 뜻을 굽히지 않는 어머니, '아버지는 싫지만 어머니를 위해 열심히 한다'는 아들. 이런 가족 구도를 곧잘 듣지만, 말로 못하는 집안 사정은 더 복잡할 수밖에 없다.

대폐업 시대는 1998년 문제와 관련이 있다. 오사카산업창조관 수석프로듀서로 중소기업 후계자 문제를 다루고 있는 야마노 지에다에게서 다음과 같은 이야기를 들었다. "오사카의 중소기업은 오너 기업이 많아요. 하지만 20년 전부터 경영환경이 어려워지며 아들에게 물려주겠다는 말을 할 수 없는 상황이라고 하소연하는 사장들이 늘어가는 추셉니다."

20년 전이라면 1998년이다. 중국 등 개도국 등장과 디플레가 본격화하면서 대기업들이 일본 국내 하청기업의 납품가를 깎기 시작했다. 게다가 즉시 납품까지 요구했다. 가격 인하와 납품 속도를 따라

가지 못할 경우 "싫으면 거래를 그만둬도 좋아."라는 말이 날아들었다. 거기서 그치지 않았다. 하청업체들이 허리띠를 졸라 가까스로 대기업의 요구를 맞추면 가격을 더 낮추라고 압박하는 개미지옥이 만들어졌다. 납품 기일을 당기려면 비용이 든다. 이렇게 해서 일을 하면 할수록 적자가 나는 악순환이 반복된 것이다.

한편 대다수의 중소기업 2세들은 도시에 있는 대학을 나와(일본의 유명 대학은 도시에 집중해 있다) 상사나 은행 등 대기업에 취직했다. 30세 전후부터는 숙련된 직업인으로서 일도 믿음직하게 해내고, 결혼도 했을 것이다. 무엇보다 직장생활을 통해 여러 사람을 만나며 기업 가치를 판단할 수 있을 즈음이다. 비용 절약과 즉시 납품에 쫓겨 악순환을 반복하는 아버지의 중소기업으로 걸어 들어갈 마음이 생기지 않는 건 당연하다.

2016년 전까지 휴폐업 업종은 건설업이 압도적으로 많았다. 하지만 바로 그 해에 '서비스업 등' 항목이 건설업을 앞질렀다. 구체적으로 말하면 일반 진료소, 레스토랑과 식당, 경영컨설턴트, 복지 및 요양사업, 전기업, 자동차정비업, 기타가 모두 '서비스업 등'에 해당한다. 그런데 이들 중소기업을 취재하면서 느낀 게 있다. '싫어도 할 수 없이 물려받는 사람'일수록 노력을 거듭해 선대의 사업을 미래 버전으로 업그레이드시킨다는 사실이다. 폐업 직전 상황에서 새로운 가치를 찾아내 세계 각지로부터 사업 제휴 요청을 받는 이 기업도 그들 중 하나였다.

## 3년 전까지 조립식 건물에 틀어박혀 있었다

인터뷰를 시작하자마자 어색한 순간이 찾아왔다. 장소는 도쿄 히비야 국제빌딩 1층. 하루 평균 3만 명이 찾는 초고층 빌딩 1층에 IoT Internet of Things(사물인터넷) 웨어러블기업 '미쓰후지'의 쇼룸이 있다. 2017년부터이니, 문을 연 지 얼마 되지 않았다. 사전에 미쓰후지에 관한 자료와 기사를 읽은 내가 안쪽 상담실에서 전 사장인 아버지에 대한 이야기로 말문을 열었다. 아버지의 공적을 늘어놓자 지금 사장인 아들 미테라 아유무는 눈을 끔벅이며 할 말을 찾기 시작했다.

"어느 책에선가 읽고 격하게 공감한 내용인데요," 그가 머뭇머뭇 이야기를 시작했다. "인기 있는 록밴드는 고객의 마음에 귀 기울이면서 그들이 원하는 곡을 만듭니다. 반면 인기 없는 록밴드는 자기들의 음악만 고수하면서 '사람들이 우리 음악을 몰라준다'고 불평해댑니다. 제 아버지는 첫 번째 앨범은 잘 팔았지만 그 후로 팔리지 않는 노래만 만드는 록밴드 같았습니다. '왜 내 기술을 알아주지 않느냐'는 상황에 빠진 거지요."

장남인 미테라가 리쓰메이칸대학을 졸업한 것은 2001년이었다. "학생 시절, 아버지와 저는 늘 싸웠습니다. 이르든 늦든 아버지 회사가 망할 거라고 생각했으므로 뒤를 이을 생각은 한 번도 안 했어요."

그는 마쓰시타전기(현 파나소닉)에 들어갔고, 그 후 외국기업인 시스코시스템즈, SAP재팬에서 영업직으로 경력을 쌓았다. 그가 교토부

조요시에 있는 본가의 '미쓰후지섬유공업'으로 돌아온 것은 대학을 졸업하고 13년 뒤인 2014년이었다.

"그때 사진을 한번 보시겠습니까?" 이렇게 물으며 그는 쓴웃음을 지었다. 3년 전 회사 사진이다. 히비야 국제빌딩과는 너무도 다른 건물이 사진에 담겨 있었다. 아스팔트가 갈라진 틈으로 잡초가 난 주차장. 한구석에 서 있는 작은 조립식 건물은 쓰러져 가는 자재 보관소처럼 보였다. 밖에 있는 간이화장실은 일을 보려고 해도 문에 녹이 슬어 닫히지 않았다고 한다. 원래 있던 미쓰후지섬유공업의 공장과 토지는 이미 다른 사람에게 넘어가 미테라가 기억하는 어린시절의 공장 모습은 사라진 뒤였다.

"이렇게까지 망하다니." 조립식 건물 앞에 섰을 때 미테라는 탄식했다고 한다. "분해서 눈물이 날 지경이었습니다. 도대체 뭘 한 거야 싶었지요." 그러고는 내 질문에 대해 생각지도 않았던 대답을 했다. "경멸했습니다. 아버지를."


## 미국 NBA 팀도 주목한 작은 회사

2018년 1월 도쿄빅사이트에서 열린 '제4회 웨어러블 엑스포'에 미쓰후지도 참가했다. 찬비가 내리는 날임에도 몸에 땀이 날 정도로 붐비는 전시장은 웨어러블 시장의 현주소를 그대로 보여주었다. 손목밴드, 안경, 의류 등 ICT 단말기를 몸에 장착하는 '웨어러블 디바이스'는 혈압, 심박수, 보행수, 소비 칼로리, 수면의 질, 식사 내용 등 매일의 활동 데이터를 수집한다. 일본 총무성은 이 같은 '스포츠 피트니스형' 사업과 관련해 2017년 66억 달러이던 세계시장이 3년 뒤인 2020년에는 약 130억 달러로 커질 거라고 예측했다.

"매일 문의가 쏟아지고 하루 종일 고객 상담으로 스케줄이 꽉 찹니다." 미쓰후지 영업본부장인 쓰카하라 히로카즈의 말이다. 미쓰후지와 관련해 흥미로운 점은 굳이 신규 시장을 개척하지 않아도 세계 각지에서 제휴 문의가 끊임없이 밀려든다는 점이다. 많은 웨어러블 기업이 있지만, 미쓰후지만큼 세계적으로 주목받은 사례는 드물다.

새시, 헬멧, 밴드 등으로 생체정보를 수집하는 토털서비스 'hamon'에 대해 미국 NBA의 농구팀이나 시가총액 세계 정상급 기업들의 제안이 이어진다. 일본 내에서도 의료와 요양, 종합건설, 지자체, 대학, 프로복서 무라다 료타에 이르기까지 다방면으로 제휴 영역이 확산되고 있다.

2년 전까지 조립식 건물에 처박혀 있던 무명 회사가 어떻게 이토록 짧은 시간 안에 세계가 주목하는 기업으로 변신할 수 있었을까? "우리는 제조업이므로 제품을 보여줄 뿐, 회사 스토리를 파는 건 아니라고 생각합니다. 따라서 평소에도 회사 이야기는 거의 하지 않습니다." 미테라는 말했다. 그러나 미쓰후지 대변신의 힌트는 바로 그 회사의 역사에 숨어 있었다.

은도금섬유 AGposs를 이용한 스마트웨어 시리즈 hamon.

대를 이어 직물과 편물을 만들어온 미쓰후지는 지금 웨어러블 시장의 주역으로 변신했다.
(미쓰후지㈜ 사진 제공)

미테라의 할아버지인 미테라 후지가 교토에서 니시진오리(일본 교토 니시진 지역에서 제작된 전통직물)의 전통 허리띠 제조공장을 시작한 것은 1956년이었다. 9년 뒤인 1965년에는 '직물'에서 레이스나 복식 잡품의 '편물'로 전환했다. 일본 직물 생산량은 1970년에 정점을 찍은 후 계속 감소했다. 직물뿐 아니라 섬유 생산 전체가 1970년대 이후 사양길로 접어들었다. 생산거점이 해외로 옮겨가면서 영세 섬유업 집중 지역은 마을 자체가 쇠퇴와 고령화를 맞았다.

미테라가 설명했다. "거품경제가 꺼지고 더 이상 안 되겠다는 판단이 서자 아버지는 1972년 회사와 일의 형태를 바꾸고 싶다며 미국 펜실베이니아 주에 있는 스크랜턴으로 갑니다. 기능성 섬유라는 신사업을 구상했던 겁니다."

미테라의 아버지 야스히로가 향한 스크랜턴은 과거 탄광으로 번창했던 곳이다. 그곳에 대대로 '마법의 실'로 불리는 은도금섬유를 제조하는 가족회사가 있었다. 금속인 듯 금속이 아니고, 단순히 은을 도금해서 만들 수 있는 실도 아니었다. 이 실의 기능성에 주목해 일본의 대기업들이 독점판매권을 얻고자 스크랜턴으로 갔지만, 정작 일본에서 그 권리를 따낸 사람은 야스히로였다.

"그들이 스테이크하우스로 데리고 가서 많은 양의 스테이크를 내놓자 아버지는 그걸 전부 먹었다고 합니다. 그러자 '다른 일본인은 먹을 수 없다며 남기는데 당신은 이걸 전부 먹었다. 미국인과 함께 하려는 마음이 느껴진다'라며 매우 흡족해했다는 겁니다. 은도금섬유는 특허가 아니라 제조 노하우입니다. 대대로 이어온 가문의 노하우를 외부 기업가에게 내주지 않았던 그들은 가족기업을 하는 데다 스테이크를 말끔히 비운 아버지에게 반해 선뜻 권리를 내준 겁니다. 사실 아버지는 먹은 스테이크를 몰래 화장실에서 토했다고 합니다만."

야스히로는 독점계약 체결과 동시에 은도금섬유의 용도를 넓히는 연구개발에 들어가 제조사와 공동으로 항균 분야를 개척했다. 그 결과 히트한 제품이 '냄새제거 양말'이다. 그 후에도 대기업과 공동으로 우주비행사용 속옷과 심장박동기를 전자파로부터 보호하는 방호복 등을 개발했다.

한편 2001년 1월 〈아사히신문〉 교토판에 '리쓰메이칸대학 4학년 미테라 아유무(23) 씨'를 소개하는 기사가 실렸다. 미테라는 친구들과 함께 해외 거주 유학생이나 회사원을 상대로 책 정보를 제공하고 판매하는 인터넷 서점을 시작했다. "일본으로 책을 주문하면 돈과 시간이 든다"는 친구의 불만을 들은 미테라가 구상한 사업이다. 아마존이 일본에 상륙하기 전의 일이다. 30만 권의 데이터베이스를 1년 걸려 만든 뒤 '이익보다는 고객과의 소통을 소중히 하겠다'는 모토로 게시판에 독자들이 글을 올릴 수 있도록 했다.

미테라에게 당시 기업 경영이 목표였냐고 묻자 또다시 예상 외의 대답이 돌아왔다. "당시 우리는 76세대로 불렸습니다. 1976년 태어난 세대가 창업하는 이유는 하나였습니다. 취업이 정말 어려운 시기였기 때문이죠. 대학의 졸업생 명단을 보면 가사 보조나 비정규직 취업이 많습니다. 인터넷 서점은 그런 위기감 때문에 시작한 거예요."

본가는 사양산업, 본인은 취업난 세대. 태어난 해의 불운에 더해 또 하나의 그림자를 드리운 것이 아버지의 고집이었다. 호쾌한 성격의 야스히로는 "은도금섬유는 세계시장을 석권할 것이야."라는 말을 입버릇처럼 달고 살았다. 그러나 "아버지는 늘 꿈처럼 큰 이야기를 했지만, 정작 회사는 커지지 않았다"고 미테라는 말한다.

호언장담하는 로맨티스트 아버지와 취업난 세대인 현실주의자 아들. 집에서 얼굴을 마주할 때마다 아버지는 그에게 "동네 공장의 아들이니 너도 제조업에 취직해야지."라는 말을 반복했고, 그때마다 아들은 "바보 아냐?" 혼잣말을 하며 속으로 비웃었다. 상대를 이해하지 못하기는 아버지도 마찬가지여서, 인터넷 서점을 시작한 미테라에게 이렇게 말했다고 한다. "너 지금 소꿉놀이 하는 거냐."


## 망해가는 아버지 회사를 어떻게 할 것인가?


그리고 13년이 지났다. 미테라가 본가로 돌아간 것은 아버지의 전화가 계기였다. 도쿄의 고지정에 있는 SAP재팬 본사에서 일하던 그에게 전화가 왔다. 착신번호를 보고 "웬일이야." 하며 전화를 받자 아버지는 다짜고짜 이렇게 말했다. "이제 곧 자금이 동난다. 거리에 나

앉게 생겼다." 그날 그는 일이 손에 잡히지 않았다. "도울 생각 없습니다." 아버지에게 냉정하게 쏘아붙였지만 밤이 되자 지난 37년 간의 기억이 머릿속에서 생생하게 살아났다. 자신은 외국 기업으로 옮겨 성공보수까지 받으며 일반 회사원보다 높은 연봉으로 일하고 있었다. 반대로 설날 귀성 때마다 찾아가는 고향은 점점 쇠락했다.

아버지의 모습은 일본 중소기업 몰락의 전형이었다. 은도금섬유를 큰 섬유회사에 팔아 매출이 오르던 시기도 있었다. 그러나 직접 만드는 완성품이 없었으므로 대기업의 생산 스케줄에 좌우되는 운명이었다. 사업을 주도적으로 해나갈 수가 없었다.

물론 야스히로는 은도금섬유를 이용한 물건을 계속 개발했지만 시장을 만들지는 못했다. 항균소취抗菌消臭라는 분야를 개척해 냄새나지 않는 양말을 히트시켰으나 '항균제'가 등장하면서 가치가 떨어지고, 은도금섬유 단가도 내려갔다. 많은 제조업체들처럼 고도의 기술을 보유하고도 자신의 손으로 기술과 고객을 연결하는 가치를 만들어내지 못했던 것이다. 미테라가 앞서 '인기 없는 록밴드'를 비유한 것은 그 때문이었다. 그리고 2005년, 일본에서 큰 사건이 발생했다. 가네보가 분식회계를 하다 적발된 것이다. 이전 사장들이 줄줄이 체포되면서 미쓰후지는 최대 거래처를 하루아침에 잃었다. 아버지는 사양산업에서 벗어나는 걸 목표로 삼았지만 회사도 지역도 쪼그라들기만 했다. 미테라는 말했다. "경제적인 쇠퇴보다도 저를 못 견디게 했던 것은 그 지역 분위기였죠." 귀성해서 만난 고향 사람들은 "어차피 무얼 해도 안 되니까."라는 말을 내뱉으며 냉소적으로 웃었다. '어차피'라는 말로 미래의 가능성 자체를 부정한 것이다.

"도시와 격차가 나는 건 어쩔 수 없더라도, 그 지역이 모든 걸 포기하고 있다는 게 분했습니다." 할아버지가 일으킨 회사 덕분에 자신은 도시로 나가 대학을 졸업했다. 그 회사가 망해가고 있었다. 한밤중에 잠을 못 이룬 채 지금까지 살아온 기억의 점들을 하나하나 연결했다. 키워준 보답을 할 때가 온 것인가. 외국 기업 경력이 있으니 나중에라도 재취업하는 건 어렵지 않을 터였다. 마침내 '좋아 가볼까.' 결심하고 귀향한 그를 아버지가 데려간 곳이 앞서 설명한 조립식 건물이었다. 문이 닫히지 않는 간이화장실 앞에서 아버지가 중얼거렸다. "누구도 이 실을 알아주지 않아. 이렇게 좋은 상품이 어디 있냐고."


## 니시진오리의 DNA

미테라는 전략을 세웠다. 먼저 지출을 대폭 줄여야 했다. 그는 거래처를 직접 찾아가 "거래를 정지하려고 합니다."라며 머리를 숙였다. "자존심만으로 떠안고 있던 적자 판매가 너무 많았어요. 그 적자를 줄이기 위해 80퍼센트 넘는 고객과 거래를 끊었죠." 그러고는 은도금섬유 이외 상품 재료를 모두 버렸다.

은도금섬유에 집중하기로 한 이유는 수익률이 높은 데다 그때까지도 여기저기서 문의전화가 걸려왔기 때문이다. 그는 구입 고객 리스트에서 양말회사와 함께 소니, 파나소닉 등의 이름을 보았다. 무슨 목적일까? 직원들은 "그들이 최근 곧잘 전화를 걸어와 사간다"고 말했다. 다만 "1킬로그램밖에 사지 않는다"는 얘기가 덧붙었다. 1킬로그램이라면 10만 엔도 되지 않는 금액이었다.

양말과 관련 없는 대기업이 주문하는 이유에 힌트가 있다고 직감한 미테라는 그들을 찾아나섰다. 다수가 대기업 내 연구소였다. 놀랍게도 그들은 "당신 회사밖에 없다"라며 엄지를 치켜세웠다. 은도금섬유는 해외 다른 회사들도 만들고 있었다. 뭐가 뛰어나다는 걸까? 연구원들은 "이 정도로 전도성電導性 높은 실은 당신네 회사 제품밖에 없다"고 말했다. 그들은 웨어러블 제품을 만들기 위해 전기를 통하는 전도성에 주목해 실을 검증하고 있었던 것이다.

교토로 돌아온 미테라가 제안했다. "판매가격을 4~5배 올립시다." "안 됩니다." 곧장 반대 목소리가 나왔다. 섬유는 원가 대비 15퍼센트의 이익을 얻는 게 상식이다. 가격을 올렸다가 팔리지 않으면 회사에 남은 세 명 직원 급여조차 줄 수 없는 상황에 처할 수도 있었다.

미테라는 외국 기업에서 자신이 겪은 일을 들려주며 사람들을 설득했다. "많은 이익을 얻기 때문에 개발과 고객 지원이 가능해집니다. 매출이 아니라 이익의 크기를 봅시다. 그 이익을 사람과 시간에 투자해 고객을 돕는다면 고객도 기뻐할 겁니다. 원가 기준이 아니라 가치 기준으로 가격을 정합시다."

그는 마쓰시타전기에서 옮겨간 시스코시스템즈나 SAP 등 글로벌 기업에서 가치 기준으로 가격을 정하는 현장을 두 눈으로 목도했다. 매우 높은 이익을 얻지만 그만큼 개발비를 투입하고, 제품을 만들어 판매한 후에는 고객 지원을 계속해 '평생고객'을 만들어낸다. 가치를 팔자는 발상이었다.

한편 하청이나 주문량 납품에 머문다면 외부 환경에 예속되어 버린다. 사원들의 불안을 불식하기 위해 애쓰던 미테라의 입에서 마침내 "그러잖아도 이 회사는 망한 것이나 마찬가지이지 않습니까?"라는 반문이 터져나왔다. "기분 좋게 팔자고요. 고객과 상담해가면서 함께 제조할 수 있지 않습니까."

이런 수순을 거치며 회사를 물려받은 첫 해인 2014년 12월의 어느 날이었다. 사장 취임을 알리는 연하장을 사려던 그가 깜짝 놀랐다. 연하장 살 돈조차 회사에 남아 있지 않았기 때문이다.

시간이 흐르면서 미테라의 전략은 절반쯤 성공했다. 대기업 연구소나 연구기관이 실을 사주었기 때문에 고객 숫자는 조금씩 늘었다. 그러나 실 판매량이 폭발적으로 늘어나기를 기대하기는 어려워서, 간신히 먹고 살 정도였다. 미테라 자신은 무급인 데다 지금껏 저축한 돈으로 대출금을 갚고 있었다. "가난한 것은 힘들지 않았어요. 다만 계속 그걸 견뎌야 하는 상황이 힘들었습니다." 그가 말했다.

아버지가 말했던 게 이런 상황이었나? 과거 아버지가 내뱉던 한탄이 떠올랐다. "이렇게 좋은 섬유인데 왜 팔리지 않는 걸까." 그 순간 미테라는 퍼뜩 당연한 사실을 깨닫고 정신을 차렸다. 아버지처럼 완제품에 도전하지 않는다면 언제고 환경에 휘둘린다는 것. 그는 회사 고문을 맡고 있던 아버지에게 가서 '고객은 무엇으로 우리 실을 평가하는가'를 물었다. "그건 말이지…." 이렇게 시작된 아버지의 대답은 의외였다. 비밀은 '실'이 아니라 '짜기'에 있다는 얘기였다.

미테라가 설명을 계속했다. "나중에 저희는 웨어러블 제품을 개발해 세계에서 가장 정확하게 신체 데이터를 얻을 수 있게 되었습니다. 그럴 수 있었던 비결은 실만이 아니라 과거 아버지가 시장화하기 위해 그토록 노력해온 독특한 '짜기'에 있었습니다. 우리가 축적해온 아날로그 장인의 미묘한 기술을 다른 곳에서는 따라올 수 없었던 거죠. 한동안 지속된 사양화로 기술 전수가 끊기고, 기계를 만드는 기술자조차 사라졌기 때문이에요." 1965년 미테라의 할아버지는 니시진오리에서 편물로 사업을 전환했지만 사내에 직물기계와 사람이 여전히 남아 있었고 기술도 기적적으로 전수되었다는 것이다.

보통 웨어러블로 신체 데이터를 얻기 위해서는 피부에 압력을 가하듯 센서를 밀착시키지 않으면 안 된다. 그런데 독자적인 짜기 기술로 생산된 미테라 회사의 웨어는 신축성 있는 천 자체가 센서 역할을 해 피부에 붙인 것도 아닌데 정확하게 데이터를 얻을 수 있었다.

해가 바뀐 2015년, 그는 회사 상호를 '미쓰후지'로 바꿨다. 모방이 곤란할 만큼 압도적인 기술 우위를 확보한 미쓰후지에 '샘플을 보내주면 좋겠다'고 연락해온 곳은 프랑스의 바이오세레니타라는 의료회사였다. 거기서 간질 징후를 연구하고 있었다.

미쓰후지 개발본부장인 오소에가와 히로미치가 이렇게 설명했다. "간질 예측은 환자의 부모에게 매우 큰 의미가 있습니다. 어른은 발작이 온다고 느끼면 자동차를 멈춘다든지 의자에 앉는다든지 하지요. 그러나 질환이 익숙하지 않은 아이들은 발작의 전조를 알아채지 못합니다. 부모들은 1분이라도 빨리 사전에 알 수 있기를 절실하게 바랄 뿐이죠."

바이오세레니티는 세계 각지에서 실을 모아 7개 회사의 제품을 국제대회에 내세웠다. 그 중에서 가장 성능이 탁월하다고 평가받은 것이 미쓰후지 제품이었다. 웨어러블로 심박 간격 데이터를 정확하게 얻을 수 있다는 점이 미쓰후지의 최대 강점이었다. 심전도 물결 모양을 떠올려보라. 바이오세레니티는 그 물결 사이의 간격, 흔들리는 폭과 거기서 나타나는 이상징후에 대한 연구를 진행한다. 물결 모양만 정확하게 파악하면 이변을 알아낼 수 있다는 것이다.

## 일본의 제조업이 이렇게 고꾸라져서는 안 된다

완제품화를 목표로 삼은 미테라가 깨달은 사실이 있었다. 많은 기업이 웨어러블 시장 진출을 꿈꾸는 반면 의복, 데이터통신의 트랜스미터, 클라우드 구축 등 여러 분야를 각각의 회사에서 개발하고 있다는 점이었다. 이렇듯 제각각인 개발 때문에 성장이 더딘 거라면, 미쓰후지가 트랜스미터부터 클라우드까지 전체를 개발해 서비스하면 어떨까? 토털서비스 자체를 최종제품으로 한다는 발상이었다.

미테라는 학창시절 인터넷 서점을 운영했고, IT 기업 근무 경험도 있었다. 데이터통신과 클라우드는 당연히 잘 아는 분야였다. 아버지가 만들어낸 누구도 따라오지 못하는 직물 제조에 자신이 잘 하는 IT를 융합하면 고객 수요에 부응하는 사업이 될 것이었다. 게다가 미쓰후지가 개발 제조한 상품을 라이벌 기업에도 판매하자는 방침을 세웠다. 경쟁 상대가 강해지면 시장 전체에 활기가 돌아 웨어러블 진화가 빨라진다. 미쓰후지로서도 전체 시장이 커지는 편이 낫다.

미테라에게 기대를 거는 사람은 대단히 많았다. 마쓰시타전기 시절의 동료는 그동안 모아놓은 돈 300만 엔을 출자했다. "너의 가능성에 걸겠다"라며 1,000만 엔을 출자한 선배도 있었다. 그땐 정말 손이 떨렸다. 사실 그는 목표가 눈앞에 보이는 상황임에도 개발비를 구할수 없어 폐업을 고려하고 있었기 때문이다.

"자금이 없어서 어렵다는 말을 선배에게 한 마디도 하지 않았어요." 그러면 왜 그 선배는 1,000만 엔이라는 돈을 내놓은 것일까? "선배가 제게 하고 싶었던 말은 이런 게 아니었을까요? 일본의 제조업이 이렇게 고꾸라져서는 안 된다, 새롭게 희망을 주는 제조업이 생겨난다면 거기에 꿈을 걸겠다. 저는 그렇게 이해했습니다."

자금만 들어온 게 아니었다. 앞서 말한 쓰가하라 히로카즈 영업본부장과 오소에가와 히로미치 개발본부장은 대기업에서 옮겨온 사람들이다. 쓰가하라는 2016년 45세라는 나이에 미쓰후지에 입사했다. 파나소닉의 과장이었던 쓰가하라는 미테라의 과거 상사였다. 2017년에 입사한 오소에가와는 55세로, IBM 등을 거쳐 닛폰유세이에서 IT 관련 사업을 맡고 있었다.

그들만이 아니다. 대기업에서 일하던 40~50대가 불과 3년 전까지 조립식 건물에 있던 회사로 직장을 옮겼다. 커다란 성공을 거둔 것도 아닌데 영업하러 온 미테라의 이야기를 듣고는 "당신 회사로 가고 싶다"라면서 대기업 자리를 박찬 것이다. 미테라를 포함해 4명뿐이던 회사는 3년 만에 직원 40명 이상으로 불어났다.

2016년 미쓰후지는 IoT 웨어러블 'hamon'을 발표했다. hamon이라는 이름은 심장에서 에너지가 전신으로 퍼지는 모습과 정원 물대야에 물이 떨어졌을 때 생기는 '파문'을 합친 것이다. 제품 개발 후 예상치 않았던 용도가 잇따라 생겨났다. 앞서 소개한 오소에가와가 대학을 돌며 이 제품을 소개하자 "이렇게 분명하게 심전파형이 나오나?"라며 모두가 놀랐다. "파형을 본 분들은 그 데이터를 분석합니다. 예를 들어 자율신경계 이상이 심전파형 간격의 진폭으로 나타납니다. 그것을 바탕으로 알고리즘을 만들어 예측하는 영역으로까지 나아가죠. 모두 눈을 반짝이며 '이런 것도 할 수 있지 않을까?' 하고 아이디어를 쏟아냅니다."

침구鍼灸나 접골 등 건강 관련 상장기업인 알트라, 덴쓰, 금융기관

등이 차례로 출자를 결정했다. 마에다켄세쓰코교前田建設工業는 '건설 작업부의 건강관리를 위해서'라며 제휴와 출자를 했다.

제휴 기업은 다른 분야로도 확산됐다. 일본 우체국을 운영하는 닛폰유빈日本郵便에서는 운전자 졸음탐지 작업에, 노인요양원을 운영하는 사회복지법인은 고령자 보살핌에, 지자체들은 소방관 훈련용으로, 권투선수 무라타 료타는 컨디션 체크를 위해 활용하는 등 많은 사람이 이 제품의 가능성을 인정했다.

판매 영업을 다니기보다 사회문제를 해결하려는 사람들이 상담을 요청해오면 함께 논의하면서 가능성을 찾아나섰다. 대화를 기술에 적용해 고객에 맞는 '커스터마이즈'를 진행하는 비즈니스였다. 제조업 등 물건을 만드는 기업은 아무래도 처음부터 완성된 제품을 만들어 시장에 내놓고 싶어한다. 하지만 수요를 알 수 없는 단계에서는 신상품을 내놓아도 판매를 장담할 수 없다. 그럴 때는 최고 수준의 연구자가 있는 대학이나 기업 연구기관과 함께 소통하고 개발하고 개량해가며 최종적으로 소비자용 제품을 만들면 된다. 미쓰후지가 BtoB에 힘을 쏟은 건 그 때문이다.

최고위급 담당자들이 먼저 나서 hamon에 주목하고 '미래에 대한 예지'로 명확하게 포착한 곳은 미국의 프로 스포츠였다고 미테라는 말한다. "미국에서는 일찌감치 스포츠 인텔리전스라는 분야가 발달했습니다. 선수에게 막대한 투자를 했으니 최상의 결과를 얻어내기 위해 컨디션 관리만이 아니라 스타팅 멤버나 리크루팅처럼 선수의 미래 예측에 사용할 탤런트 매니지먼트까지 필요하지요.” 농구에서 자유투를 같은 자세로 하더라도 들어갈 때와 들어가지 않을 때가 있다. 혹 보이지 않는 신체 상태에 원인이 있는 것은 아닐까? 그걸 파형으로 분석할 수는 없을까? 그렇게 생각하기 시작한 것이다.

영업사원의 스트레스 관리도 마찬가지다. 열심히 일하는 사람이나 출세 욕구가 강한 사람일수록 자신의 몸이 망가지는 것을 알아차리지 못한다. 그래서 몸이 망가지기 전에 미리미리 대처한다는 예방 차원에 활용한다. 영화 ‘백 투 더 퓨처’ 시리즈처럼 자신의 미래를 미리 진단한 뒤 그 미래를 바꿀 수 있게 되는 것이다. 이것을 생체 데이터로 현실화시키는 것이 미쓰후지의 사업이다.


**아버지의 낡은 기술에 아들의 IT 기술 더해져서…,**

“기억나는 이야기가 있습니다.” 미테라가 다시 말문을 열었다.

사장직을 아들에게 물려주던 날, 더러운 책상에 앉은 아버지가 이렇게 말했다고 한다. “회사라는 게 참 재미난 생물이야.” 미테라는 속으로 ‘지금 그런 말이 입에서 나오나?’라며 혀를 찼지만 아버지는 개의치 않고 말을 이었다. “사람이 벗은 몸으로 태어나 60년을 살다보면 많은 이들에게서 도움을 받게 마련이지. 회사가 60년을 지속하는 것도 마찬가지야. 인생과 똑같은 과정을 걸으며 여럿의 도움을 받았기에 가능했지. 앞으로 더 유지하려면 다시 또 같은 길을 걸어가야 해. 사장 일이란 바로 그 과정을 지켜보는 거야."

이 말을 들려주던 미테라는 웃으며 고개를 끄덕였다. "그때는 비웃었지만 지금 와서 생각해보면 아버지의 말이 맞을지도 몰라요. 내가 도움을 받는 게 아니라 미쓰후지라는, 나와 별개인 존재가 도움을 받고 있는 것일지도." 자신의 역할은 그저 옆에서 미쓰후지를 뒷받침하는 것일 수도 있다고 그는 말했다.

아버지가 쌓아올린 낡은 기술과 IT 기술이 만나 탄생한 자식 같은 회사. 제품은 자신의 것이지만 자신은 볼 수 없는 생체 데이터. 그 어느 것이든 조합을 통해야만 더 큰 가치가 만들어진다. 회사도 마찬가지이다. 혼자 생각해낸 사업계획으로 존재하는 것이 아니라 사람과 사람의 관계 속에서 수시로 변신하며 미래로 나아가는 것. 조합, 고객 지향의 커스터마이즈, 관계성. 어쩌면 아버지와 아들의 고집도, 미래를 향한 필연의 과정이었는지 모른다.

아버지는 이 모든 것을 내다보았을까? 그건 알 수 없다. 다만 아버지는 아들에게 사장을 맡길 때 이렇게 말했다고 한다. "무엇보다 일을 즐겨야 해."

## '팩트리에'의 하청 혁명

'하청과 커스터마이즈'를 상징하는 이야기를 애니메이션 제작 프로듀서로부터 들은 적이 있다. 2015년 중국 애니메이션 '서유기 히어로 이즈 백'이 중국에서 자국산 애니메이션으로 역대 1위 흥행을 기록하며 큰 인기를 끌었다. 매출액은 일본 돈으로 약 192억 엔. 그 기록을 '쿵푸 판다 3'이 갈아치웠지만 '쿵푸 판다 3' 역시 중국과 미국의 합작기업이 제작했다.

지금까지 중국은 일본과 미국의 애니메이션을 하청받아 인해전술로 작업하는 게 장기였을 뿐, 질적인 면에서는 낮다고 평가됐다. 그러나 20년 이상 하청으로 기술을 쌓은 그들이 '할리우드 3D CG에 뒤지지 않는 작품을 우리 힘으로 만들자'면서 뭉쳤다. 중국인을 상대로 한 연출과 스토리로 커스터마이즈해 마침내 히트한 것이다. 국내에서만 인기를 끈 게 아니라 해외에서도 막대한 수익을 낳았다.

하청을 '코어 기술'이라는 관점으로 다시 보는 시대가 도래한 것은 아닐까? 코어 기술을 살리기 위해 유통구조를 바꾼 사례가 일본에 있다. 패션 분야의 세계적 명품 브랜드 중 많은 수가 일본의 지방 중소기업에게 OEM(위탁생산)으로 제봉을 맡긴다. 하지만 그런 중소기업들은 하나같이 이익을 내지 못한 채 인력난마저 겪고 있다. 가령 T셔츠 한 장 제봉에 3시간이 걸린다. 시급 600엔으로 계산할 때 1,800엔의 비용이다. 그러나 발주처는 원가를 거듭 낮춰서 1,000원밖에 지불하지 않는다. 당연히 제봉을 하면 할수록 적자가 쌓인다. 기술은 높지만 그만큼의 이익이 나지 않는 것이다.

이처럼 어려움을 겪던 일본 공장들과 제휴한 곳이 독자 브랜드 '팩트리에'이다. 2012년 야마다 도시오라는 젊은이가 이 회사를 설립해 일류 브랜드의 하청공장이 만드는 품질 높은 상품을 중간업자를 통하지 않고 인터넷에서 판매하기 시작했다. 소비자는 좋은 상품을 명품 브랜드의 반값 이하로 구입할 수 있다. 소비자도 공장도 이익이 되는 '적정 가격'을 축으로 한 유통 개혁이었다.

하청이라는 작업방식 자체가 존재 기반을 잃어가는 상황에서 당사자들은 어떻게 해야만 할까? 독립행정법인 '중소기업기반정비기구'를 거쳐 비즈니스 프로듀서로 활동하는 우치다 겐이치는 수많은 중소기업과 일한 경험을 바탕으로 이렇게 말한다. "글로벌 경쟁이 심해지면서 대기업은 비용 절감이라는 명목하에 가격을 깎고 즉시 납품을 요구하는 추세예요. 이래서는 채산이 맞지 않습니다. 이럴 경우, 하청의 성패를 가르는 관건은 대응할 무기가 있느냐 하는 겁니다. 그래서 매출의 70퍼센트는 하청으로 안정성을 확보하되 나머지 30퍼센트는 독자적인 신규 사업으로 가져가야 합니다."

가령 자동차 엔진 부품을 만드는 절삭 회사가 대학병원 외과의사와 협력해 척추환자에게 뼈를 접합하는 티타늄 커버를 만드는 등, 다른 분야 사람들과 손잡고 새로운 길을 열어갈 수 있다. 큰 이익을 노

'코어 기술'이라는 관점으로 의류 하청업계에 유통혁명을 일으킨 팩트리에.

단순 의류뿐 아니라 벨트와 지갑, 가방에 이르기까지 종합 패션 브랜드로 영역을 확장하고 있다.
(팩트리에 홈페이지 화면 캡처)

리지 않아도 신규 사업 자체로 의외의 효과를 낳는 것이다.

2003년 간토경제산업국에서 우치다에게 "중소기업에 보조금을 주어도 하청에서 벗어날 만한 기업이 없다"면서 상담을 청해왔다. 독자 상품을 기획할 능력과 판로가 없기 때문이다. 그때 우치다가 "제가 컨설팅을 해보죠."라며 나섰다. "사이타마현 이루마시에 있는 이리소세이미쓰人曾精密와 함께 만든 제1호 상품이 '세계 최고속 주사위'입니다. 중요한 것은 회사의 비전, 핵심기술, 사용자가 인정하는 가치를 하나로 결집시킨 상품이 가능한지 여부죠. 그 회사는 극미세 가공을 무기로 삼고 있었습니다. 주사위는 티타늄으로, 한 가운데 중심이 있어서 무게를 배분합니다. 그래서 주사위의 눈을 3마이크론이라는 극히 얇은 깊이로 새겨넣어 공기저항을 줄였습니다. 그게 가능했던 건, 이 회사가 F1 엔진 부품을 제조하고 있었기 때문이죠. 세계 최고 정밀절삭 기술로 누구보다 정확하게 절삭을 해낸다는 신념, '세계 최고속'이라는 알쏭달쏭한 문구로 호기심을 자아내는 콘셉트, 그리고 기술이라는 본질을 추구한 아이디어. 이 제품이 언론을 통해 알려지고 화제를 모으면서 사람들이 회사의 본업까지 주목하게 되었고 결과적으로 본업이 살아나는 성공을 거두었어요."

이리소세이미쓰는 이후 '티타늄제 기타 피크'와 0.1밀리미터를 잴 수 있는 티타늄 자 등 재미있는 제품을 속속 만들어 '장인정신'의 위대함을 어필했다. 그 결과 본업인 정밀절삭가공 일감까지 잇따라 들어오며 재도약했다.

## 클라우드 펀딩 기업 '아쿠아케'의 등장

이런 사례는 점점 늘고 있다. 클라우드 펀딩이 등장했기 때문이다. '아쿠아케'가 히로시마 원폭을 그린 대히트 애니메이션 영화 '세상의 한쪽 구석에서' 제작을 인터넷 클라우드 펀딩으로 자금 조달한 것은 널리 알려져 있다. 클라우드 펀딩 기업 '아쿠아케'에 관심을 갖게 된 것은 사장인 나카야마 료타로에게서 궁금증을 불러일으키는 이야기를 들었기 때문이다.

나카야마는 아쿠아케를 창업하기 전에 베트남에서 2년여 일을 했다. 그때 그가 느낀 것 중 하나가 일본제 가전제품을 베트남에서 전혀 찾아볼 수 없다는 사실이었다. TV도 컴퓨터도 스마트폰도 애플 수입품이거나 한국제와 대만제였다. 일본 제품의 가격이 높아서 그런가 생각했으나 그것도 아니었다. 단순히 사고 싶은 물건이 없을 뿐이라는 베트남인들의 말을 들은 그는 충격을 받았다. '제조업 대국 일본'이라는 자부심은 일본인에게만 통용될 뿐, 다른 사람들은 관심조차 없었던 것이다.

2013년 서비스를 시작한 아쿠아케의 독특한 점은 전국 80개 넘는 은행 및 신용금고와 연계해 그곳에서 소개받은 중소기업 및 벤처기업에 자금조달이나 신제품 개발을 지원한다는 것이다. 인터넷을 이용해 자금만 조달하는 것이 아니라 사용자들의 아이디어도 전달한다. 나카야마는 이 과정에서 의외의 발견이 있었다고 말한다.

"금속가공회사를 비롯해 BtoB로 하청만 하던 기업이 자사 제품을 클라우드 펀딩으로 만드는 사례가 늘고 있어요. 소비자용 상품에 도전해보고 싶다는 욕심이야 누구든 품었겠지만 다른 의도도 있습니다. 원래 기술력이란 화제가 되기 어렵습니다. 소비자용 제품이 히트해야 비로소 제품 뒤에 있는 기술력이 주목받죠. 그것이 본업인 BtoB 사업에도 도움이 되어 발전의 디딤돌 역할을 하는 거예요. 나아가 소비자용 제품 개발이 직원 채용 면에서도 도움이 된다고 합니다." 우치다가 13년도 더 전에 기간 한정으로 실시한 프로젝트가 모양을 바꾸어 클라우드 펀딩으로 널리 보급된 것이다.

오래된 산업에서도 클라우드 펀딩 등의 도움을 받아 사업 방향을 바꿀 수 있다. 해외에서는 3D프린터가 등장하면서 제조업체가 고객 맞춤형 상품을 만드는 사례가 늘고 있다. 제조업만이 아니라 식사를 개인에게 맞춘 분량이나 메뉴로 제공하는 서비스까지 등장했다. 가치관이 다양해지기 때문에 이런 세분화 흐름은 앞으로도 계속 이어질 듯하다.

한편 대폐업시대 문제와 관련해 앞서 등장했던 오사카산업창조관 야마노 지에다는 '벤처형 사업 계승'을 거듭 강조하고 있다. "벤처형 사업 계승이란, 부모의 상거래를 강점으로 삼아 그 지역에 계속 머물면서 조금 다른 신사업으로 승부를 거는 것입니다. 착실한 작업으로 20년을 하다보면 사업이 크게 바뀌는 경우도 많아요. 저는 이것을 올림픽이나 세계육상선수권대회에서 메달을 딴 남자 400미터 계주에 비유합니다. 한 사람 한 사람은 슈퍼스타가 아닐지 몰라도 시간을 두고 노력해 결과를 만들어내죠. 일본이 나아갈 방향은 바로 이런 것입니다. 일본의 경쟁력은 지속력이라고 저는 생각하거든요."

중소기업의 지속력을 보고 있으면 "인류의 진화는 조합의 역사다"라는, 어딘가에서 들었던 말이 떠오른다. 제조업이 벽에 부딪혔다고 말하지만 다른 한편에서 눈부신 진화를 해나가는 기업도 있다. 미쓰후지처럼, '자사의 강점'과 '후계자가 외부에서 축적한 경험' 그리고 '고객 이상으로 고객을 아는 마음'이 다시 만나 창조적이고 새로운 고객 맞춤형 기업으로 재탄생하는 것이다.

7장

# 대기업이 장악한
# 세상은 재미없잖아!

**메르카리가 구현하는 소비자 주권의 세상**

## 오바마와 스마트폰과 리먼 쇼크

2007년 애플이 아이폰을 발매하면서 스마트폰 시대가 도래했다. 곧이어 스마트폰을 이용하는 새로운 비즈니스가 속속 등장했는데, 거기에 의외의 부산물이 있었다. 한 가지 예를 들어보자. 스마트폰이 등장한 이듬해인 2008년에 리먼 쇼크가 일어났다. 그리고 이듬해인 2009년에는 버락 오바마 미국 대통령이 취임했다. 이 세 가지가 흥미롭게 연관되어 있다는 사실을 스탠포드대학교 주임연구원인 이케노 후미아키가 들려주었다.

　연관성이 만들어진 배경은 이렇다. 아이폰의 등장으로 센서기술은 소형화, 절전화했고 물건과 물건을 이어주는 사물인터넷이 급속히 발달했다. 여기에 더해 리먼 쇼크가 일어났다. 기업이 줄줄이 부도나면서 벤처 캐피털 등 투자가들이 투자처를 잃었다. 그 다음으로 겹친 것이 오바마 대통령의 탄생이다. 오바마는 IT 정책을 표방하며 '전자정부정책'을 발표했다. 정부의 오픈데이터를 활용해 새로운 비즈니스를 창출하고 민관 협력을 추진한다는 게 골자였다. 특히 오바마는 의료 개혁을 강도 높게 추진했다.

  '전자의료카르테'를 도입하는 등 의료 질 향상과 의료비 감축을 목표로 한다고 선언했다. 그러면서 투자 대상으로 주목받은 것이 효율화를 표방하는 의료 분야였다. 때마침 스마트폰을 이용한 건강관리 관련 벤처가 잇따라 등장했다. 스마트폰으로 자신의 몸 상태를 체크하거나 수면 상태를 측정하는 앱이 나왔다. 이런 앱은 그리 어려운 기술을 요하는 게 아니어서, 과거 의료회사와 달리 벤처기업들이 단시간에 결과를 내놓았다. 그러자 투자할 곳을 잃었던 벤처 캐피털의 자금이 몰리면서 건강관리 비즈니스가 단시간에 만개했다.

  이제 무슨 일이 일어났을까? 미국 시골 슈퍼마켓에 혈압계가 놓이고 여기서 측정된 데이터를 의사, 약제사, 보험회사 등이 실시간으로 공유했다. '다 함께 예방한다'는 체제 실험이 시작된 것이다. 해당 지역 의료 관계자 전원이 협력해 위험도 높은 중복검진을 없애고 의료의 질을 높이는 구조를 만들어내고 있다. 미국에서 의료 분야 예방 프로그램이 사업으로 발전한 이유가 있다. 병이 나면 보험 대상 이외 치료비가 눈이 튀어나올 정도로 비싸다. 치료에 그만큼 돈이 드는 상황이니 적극적으로 예방을 하자는 공감대가 쉽사리 힘을 얻었다(그에 비해 비만이 많은 나라이기는 하지만).

한편 일본에서는 아이폰이 등장하자 게임 벤처기업이 나타났다. 게임으로 성공한 그들은 이 자금으로 다른 사업을 시작했다. 게임 사업에 먼저 뛰어든 이유가 일본 사회의 게임 수요 때문인지, 아니면 게임으로 성공하지 않을 경우 사업자금을 마련하기 어려운 사회구조 탓인지는 밝혀지지 않았다. 그리고 미국보다 조금 늦게 일본에서도 스마트폰의 큰 부산물이 등장한다.

## 메르카리의 등장과 성공

벌레 퇴치약과 나 홀로 여행 물건을 담은 나이키 배낭을 메고 야마다 신타로가 나리타공항으로 돌아온 것은 2012년 10월, 그의 나이 35세 때였다. 야마다는 오랫동안 꿈꿔온 세계일주 여행을 반년 넘게 걸려 마쳤다. 걸었던 나라는 23개국. 오랜만에 귀국해 나리타공항 로비에 선 그의 눈에 새로운 풍경이 들어왔다. 사람들의 손에 들린 휴대전화가 스마트폰으로 죄다 바뀐 것이다. 5대륙을 걸으며 피부로 느낀 세계 각국 사람들의 생활과 눈앞의 스마트폰. 이 두 가지를 조합해 펼치는 이상이 일본발 세계 비즈니스가 되어가고 있다.

귀국 후 야마다는 와세다대 시절의 선배 마쓰야마 다이가에게 연락을 했다. 마쓰야마는 컨설팅회사와 인터넷기업 근무를 거쳐 창업가를 지원하는 투자회사 '이스트 벤처스'를 운영하고 있었다. 마쓰야마는 야마다가 대학 졸업 직후 인터넷 회사 '우노우'를 만들어 성공했다는 사실을 잘 알았다. 두 사람은 마쓰야마의 사무실이 있는 롯폰기 근처 식당에서 함께 식사를 했다.

식사를 마친 뒤 나란히 롯폰기 교차로를 건너던 야마다가 불쑥 말했다. "한 번 더 승부를 걸어볼 겁니다." 결의에 찬 말을 아무렇지도 않게 마쓰야마에게 내뱉은 것이다. 그때 일을 마쓰야마는 이렇게 떠올린다. "구상 단계여서 아무것도 준비된 건 없었지만 신타로의 이야기를 듣는 순간 목표가 정확하다고 판단했어요. 교차로를 다 건넜을 때 제가 출자 및 사무실 제공을 약속했습니다."

야마다는 이렇게 롯폰기 빌딩의 사무실 창가에 놓인 긴 테이블을 빌려서 사업을 시작했다. 회사 이름은 '메르카리'. 라틴어로 '거래하다'라는 의미다. 개인 간 거래를 위한 마켓을 지향한다는 생각을 담은 것이다. 프리마켓 앱인 야마다의 사업이 결코 새로운 건 아니었다. 그러나 마쓰야마뿐 아니라 야마다의 도전에 공감하는 사람들이 잇따라 모여, 한 칸 사무실이 한 달 만에 가득 찼다.

옆 사무실을 빌려 확장하지 않으면 안 될 정도로 사람이 늘어난 현상보다 더 눈길을 끄는 것은 입사자들의 이력이었다. 라쿠텐, 야후, 믹시 등 인터넷 대기업 출신이거나 창업으로 성공과 실패를 모두 경험한 젊은 인재들이었다. 대학 졸업, 대기업 취직이라는 코스를 벗어나 창업해서 급상승과 급강하의 그래프를 그려본 사람들. 그런 그들이 '된다'고 확신할 만한 세계관이 야마다의 구상 속에 있었다.

2017년 메르카리 사장에 취임한 고이즈미 후미아키는 다이와증권 SMBC(현 다이와증권)와 믹시 임원을 거쳐 메르카리에 합류했다. 그는 메르카리의 무엇에 끌렸을까? 창업 2년째이던 해에 고이즈미를 처음 인터뷰할 때 그는 이렇게 말했다.

"인터넷의 역사를 보면 불과 얼마 전까지도 정보는 언론으로부터 개인에게, 위에서 아래로 일방통행했죠. SNS가 등장하면서 정보 흐름이 횡적 확산으로 바뀌었습니다. 메르카리의 CtoC(개인 간 거래)도 마찬가지죠. 판매자와 구매자 관계가 상하에서 횡으로 바뀌어 물건과 돈이 수평으로 유통됩니다. 게다가 지금까지는 컴퓨터를 가진 사람만 할 수 있던 일이 스마트폰 단말기를 지닌 세계 모든 사람으로 확장되죠. 그곳에서 매매라는 행위는 흡사 과거로 돌아간 것처럼 소박해요. 비가 오면 처마를 빌려주는 식의 공유와 유사하죠."

야후 옥션 등에서도 개인이 물건을 판다. 인터넷 옥션의 경우 시간을 설정해놓아 가격이 올라가도록 만드는 게임 성격의 경매라는 재미가 있다. 이에 비해 메르카리의 CtoC는 아이쇼핑에 가깝다. 스마트폰으로 사진을 찍어 그대로 출품할 수 있어 이용법도 간단하다. 스마트폰으로 보기 쉽도록 만들고, 화면 이동 속도 향상이라든지 이용 편의를 높이기 위한 개량도 기술자들이 매일 하고 있다.

고이즈미는 이렇게 말한다. "믹시를 경험해본 저는 다음번에는 믹시를 넘어서는 것이 아니면 아무 의미가 없다고 생각했습니다. 믹시로 물물교환 커뮤니티를 많이 봐온 저는, 메르카리라면 바로 2,000만

~3,000만 명으로 확산될 것이라고 판단해 참여하기로 했습니다." 그가 예상한 숫자는 곧바로 깨져 메르카리 이용자는 야마다와 고이즈미가 생각하지 못했던 규모로 확산했다.

벽장 속에서 잠자던 물건만 사고파는 것이 아니다. 가령 화장실 휴지의 가운데 심 같은 것을 대량으로 팔기도 한다. 초등학생이 여름방학 공작에 사용하기 위해서다. 한 번밖에 쓰지 않은 화장품, 빈병, 가치가 없다고 생각했던 수많은 물건에 새로운 가치가 생겨나는 셈이다. 대량생산, 대량소비의 20세기형 자본주의에서 가치는 만드는 쪽이 정했다. 이제까지의 상거래는 일방통행이어서 물건이 마음에 들지 않거나 다 쓰면 버렸다. 그러나 가치는 사용하는 사람에 따라 제각각이어서, 이 사람 저 사람을 두루 살펴보면 거기에서 다양한 가치가 새로 생긴다. 고이즈미는 이렇게 말했다. "그러니까 저에게는 미래형이 눈에 들어왔던 겁니다."


## 불평등한 세계를 바꾸고 싶어서


세상일을 초탈한 듯 묘한 이미지를 풍기는 야마다에게는 블로그 서평가라는 또 다른 이름이 있다. 《10만년의 세계경제사》《국가는 왜 쇠퇴하는가》《르포, 자원대륙 아프리카》 등 학자나 언론인이 쓴 스케일 큰 책이 그의 블로그에서 줄줄이 다뤄진다.

"중고교 시절에는 국내외 명작을 닥치는 대로 읽었고, 대학에 들어가서는 니체를 가장 좋아했습니다. 사상, 철학, 역사, 우주, 문명론 같은 것을 좋아했으나 그 취미가 비즈니스로 이어지지는 않았습니다. 무엇보다 살아남는 게 급선무였기 때문이죠."

대학 시절 라쿠텐에서 인턴으로 일할 당시 옥션 사이트 '라쿠오쿠' 설립에 관여했지만 졸업 후 그는 취업을 택하지 않았다. 대신 2001년에 혼자 '우노우'라는 회사를 만들었다. 영화 리뷰 및 코멘트를 투고할 수 있는 영화 사이트 '에이가세이카쓰映畵生活'나 사진을 투고·공유하는 '포토조'도 야마다가 만들었다.

그즈음 사이버 에이전트의 창업 멤버였던 이시카와 아쓰시는 기획부터 기술적인 것까지 모두 혼자서 해내던 야마다를 만났고 2005년 우노우에 참여했다. 이시카와는 당시를 되돌아보며 말했다. "우노우는 여러 서비스를 시작해 조금씩 성장했지만 유튜브처럼 2차 곡선을 그리는 대히트에는 이르지 못했습니다. 서비스가 늘지 않으면 광고 사업이 어려워집니다. 무어라도 해야만 하는 상황이었죠. 그래서 야마다가 만든 것이 소셜게임 '마치쓰쿠!'였습니다."

이 게임은 500만 넘는 유저를 확보했고, 당시 미국 최대 소셜게임 기업이던 징가가 매수하겠다고 나섰다. 야마다는 징가 아래로 들어가 세계로 접근할 기회를 얻어보기로 마음먹었다. 2010년 우노우는 징가 재팬에 흡수됐다. 이시카와와 야마다는 미국 본사에서 온 10여 명의 간부 아래 지배인으로 취임했다.

그러나 회사 측과 사업 방향이 다르다는 사실이 드러났다. "야마다가 계획했던 사업은 당시 존재하지 않았던 LINE 같은 커뮤니케이션 서비스였습니다." 이시카와의 설명이다. 회사 측은 게임 이외 사업은 허락하지 않았고 결국 야마다는 자신이 만든 회사를 떠났다.

그럼에도 징가 재팬에서 미국식 경영전략을 훈련받는 드문 경험을 했다. 이시카와는 두 가지를 말했다. "숫자 분석이 완전히 달랐습니다. KPI(중요업적평가지표)를 매일 분석하는 것이 아니라 리얼타임으로 모니터에 전일 대비 수치를 표시해두고 숫자가 오르지 않을 때에는 무엇이 문제인지 분석합니다. 그리고 혁신이란, 결과를 내는 것보다 높은 목표를 설정해 매일 무엇을 생각하고 행동하느냐에 달렸다고 여기는 문화를 배웠습니다."

미국 방식의 전략적 경영만 배운 게 아니었다. 방대한 독서량으로 구축된 세계관에다 해외 여러 나라 사람의 생활을 피부로 느낀 경험이 더해졌다. 2012년 1월 징가 재팬을 퇴사한 야마다는 5대륙을 돌아보는 세계여행을 떠났다. 개발도상국에서 그가 직면한 것은 경제 양극화였다. 반면 선진국과 개도국은 경제 수준에서 차이가 나지만, 개도국 사람들은 '오늘보다 내일은 풍요로워진다'는 믿음 아래 살아간다는 사실을 깨달았다.

남미 최빈국 볼리비아의 우유니 소금사막에 가면 인프라가 정비되지 않았음에도 세계 각지 관광객이 모여든다. 다른 건 전혀 없는 마을이지만 영어를 할 줄 아는 사람이 있고 여행사가 있으며 랜드크루

야마다 신타로 메르카리 회장 겸 CEO.

메르카리는 포스트자본주의를 상징하는 기업이다.
©Jan Buss

저 주인이 있어서 소금호수 투어를 짠다. 선진국에 비하면 초라한 이 지역에서도 소박한 상거래가 생겨난다고 야마다는 생각했다. "시간이 지나서 좀 더 풍요로워진다고 해도 이런 나라가 일본이나 미국 같은 생활수준이 되기는 어려울 것입니다. 그렇다면 개인과 개인이 국경을 넘어 자유롭게 거래하는 체제가 필요한 게 아닐까, 생각한 겁니다."

이를 가능하게 하는 것이 스마트폰이다. 여행을 마치고 나리타공항에 내리던 순간, 그는 스마트폰 사회의 도래를 두 눈으로 확인했다. 물건이 태부족인 지역이 있는가 하면, 쓸 수 있는 물건을 아무렇지 않게 버리는 사회가 있다. 불평등한 세계를 평평하게 만들고 싶었다. 그래서 그는 다시 도전하기로 마음먹었다. 야마다는 말한다. "페이스북도 구글도, 그들이 제일 먼저 서비스를 시작한 것은 아닙니다. SNS도 검색엔진도 그들이 최초는 아니지만, 편리하고 실용적인 이용을 추구한 덕에 세계 각지로 확산된 거죠. 저희 역시 마찬가지입니다. 철저하게 편리성과 구체성을 확보해 세계에서 통하는 서비스를 만들고 싶습니다."

## 소유에서 공유로

메르카리가 창업할 때만 해도 일본에서는 '공유경제'라는 말이 일반적이지 않았다. 그럼에도 불구하고 야마다가 만드는 프리마켓 앱에

투자가들이 41억 엔을 출자한 것은 미국과 중국에서 이 분야가 급성
장하고 있었기 때문이다.

미국에서 공유경제 성장률은 매년 25퍼센트에 이른다. 그 원조인
에어비앤비는 개인주택 숙박 매칭 서비스를 통해 세계적인 숙박 기업
인 힐튼 그룹의 숙박자 수를 능가했다. 물건, 장소, 서비스 등 유휴자
산을 효과적으로 활용해 개인끼리 서로 융통하는 CtoC 서비스는 '소
유한다'는, 자본주의 사회의 가치관을 바꾸고 있다. 그러나 처음부터
'소유에서 공유로'라는 슬로건 아래 시작한 것은 아니다.

가령 에어비앤비의 '빈 공간을 빌려준다'는 아이디어는 미국 로드
아일랜드의 미술대학을 졸업한 조 게비어와 브라이언 체스키에게서
나왔다. 벌이가 신통치 않아 부수입이 필요했던 두 사람이 하루벌이
라도 할 요량으로 방 빌려주기를 시작했다. 이것이 인터넷을 이용해
빌리려는 사람과 빈 방을 연결해주는 사업으로 발전한 것이다. 하지
만 처음에는 전혀 눈에 띄지 않아 이용자가 늘지 않는 것은 물론, 방
을 빌린 사람들의 불평이 잇따랐다.

밀려드는 불평에 대응하느라 정신없던 그들이 성공한 계기는 무엇
일까? 바로 '관찰'이었다. 그들은 불만을 제기하는 사람들을 직접 찾
아가 무엇을 개선해야 할지 공손하게 물었다. 그런 다음 불평이 발생
하는 집과 그 반대인 집을 하나하나 비교했다고 한다. 이 책의 다른
몇 가지 사례에서도 소개된 정성스런 구별 과정을 에어비앤비 역시
차근차근 거쳐나갔다. 특징이 보이면 프로 사진가를 고용해서 그 집

의 매력이 돋보이도록 촬영하는 서비스를 도입했다. 이런 치밀한 작업과 크고작은 개선을 거치면서 그들은 유엔가맹국 숫자에 필적하는 나라로 사업을 확대했다. 현재 에어비앤비의 기업 가치는 20조 원이 넘는 것으로 평가된다.

개인끼리 융통하는 상거래가 세계적으로 확산되면서 필연적인 문제가 파생되었다. 기존 산업과의 충돌이다. 그러나 야마다는 말한다. "기존의 유통을 파괴하는 게 아닙니다. 비유하자면 비행기의 LCC(저비용 항공) 같은 것이죠. LCC를 통해 저가 해외여행이 가능해지면서 여행을 하지 않았던 많은 사람들을 새로운 소비자로 끌어들였습니다. 숙박의 개념을 바꾼 에어비앤비나 택시 우버도 마찬가지예요. 수요가 아래로 폭증하는 거죠. 우리가 야후 옥션과 곧잘 비교됩니다만, 야후 옥션은 연간 거래액이 8,000억 엔으로 거대합니다. 우리가 그 이용자를 뺏는 것도 아닙니다. 거대한 피라미드를 볼 때 여전히 수면 위로 드러난 건 야후 옥션이죠. 다만 수면 아래 누구도 눈치 채지 못하는 거대 시장이 있었던 겁니다." 금광 같은 거대 시장을 찾아내는 것, 한마디로 말하자면 그 시장은 사람들의 가치관이다.

야마다는 미국으로 갈 때마다 새로운 서비스를 체험한다. 에어비앤비도 이용해보았다. 다른 사람의 집에 묵는 것을 '불쾌하다'고 생각하는 사람이 많다. 그렇지만 한 번 체험해본 후 그런 편견은 깨졌다. 침대 정리정돈은 매일 필요할까. 식사는 부엌을 빌려서 가볍게 만들어 먹어도 좋지 않을까. 쾌적함이란 무엇일까? 거대자본 기업이 제공하는 '쾌적'과 '편리'를 우리는 당연하다고 여긴다. 하지만 가치관은 사람마다 제각각이다.

메르카리를 시작할 때 야마다는 "이런 걸 누가 이용하겠습니까?"라는 질문을 여러 번 들었다. 그럼에도 서비스를 시작하고 2년 만에 하루 출품 숫자가 10만 점을 넘었다. 강 상류에서 하류로 유통하는 환경에 익숙했던 소비자들이 미지의 세상을 체험하도록 유도해 거대한 시장을 찾아낸 것이다. 공유경제는 이런 식으로 '묵는다' '산다'라는 개념을 하나하나 바꿔갔다.

## 물결처럼 퍼지는 공유경제 트렌드

야마다는 '습관'이라는 사고방식에 대해 이야기했다. "에어비앤비도 사용해보기 전까지는 저항감이 있지만 막상 써보면 미묘한 재미를 알게 됩니다. 그런 식으로 습관이 들면 큰 변화가 일어납니다. 게다가 이 습관은 출발점으로 회귀라는 느낌이 들어요. 옛날에는 이웃 간에 '간장 좀 빌려줘.'라든지 '저 집 아들이 영어를 잘하니 좀 가르쳐달라고 하자.'라는 말을 쉽게 할 수 있었어요. 그런 관계성이 점차 사라지던 상황에서 인터넷을 통해 효율적인 매칭이 부활한 겁니다."

그 후 '딥 메르카리'라는 기업도 등장했다. 메르카리는 중고품 매매

사이트이지만, 일반 개인이 만든 수제품을 인터넷에서 거래하는 '크리마'나 '이이치'와 유사하다. 수예품과 액세서리부터 DIY 가구까지 '세상에 하나뿐인 핸드메이드'를 구매하는 소비 스타일은 폭발적인 인기를 끌고 있다. 인기 있는 제작자는 '크리에이터'라고 불린다.

정기적으로 도쿄 빅사이트에서 열리는 일본 최대급 크리에이터 축제 '핸드메이드 인 재팬 페어'에는 크리에이터만 5,500명이 모인다. 작품을 사러 오는 사람으로 붐비는 행사장은 만화시장처럼 열띤 분위기다. '쇼핑'의 선택지가 점점 다양해지는 것이다.

이런 이야기를 듣는 과정에서 일본보다 한 발 앞서 중국에서 스마트폰을 통한 공유경제가 확산되었다는 사실을 알았다. 사람들이 정부와 대자본을 믿지 않기 때문이다. 국가의 관리 및 규제가 강한 중앙집권형 사회에서 살기 위해서는 가족과 친구 등 얼굴 아는 사람과의 관계가 중요해진다. 그들은 오랜 역사 속에서 몇 번이나 체제가 바뀌면서 개인이 희롱당한 고통스런 기억을 갖고 있다.

중국에 가면 문화대혁명으로 친척 중 누가 목숨을 잃었거나 추방당했다는 이야기를 곧잘 듣는다. 기회는 중앙에서 주는 것이 아니다. 자신이 만들어야 한다. 이런 불편함에다 자율분산형 사회를 향한 사람들의 희망이 스마트폰 시대의 효율적인 네트워크 사회와 잘 맞아떨어진 것이다.

그렇다면 공유경제 발상지인 미국은 어떨까? 미국에서 사업을 시작한 메르카리의 야마다에게 소중한 참모가 한 명 있다. 페이스북 부회장을 지낸 존 라거링이다.

## 소비자는 사용법이 간단한 걸 좋아한다

Mercari hires John Lagerling from Facebook's management team (메르카리, 페이스북 경영진 존 라거링을 데려오다).

2017년 6월 페이스북 부사장 중 한 명인 존 라거링이 집행임원 CBO(최고사업책임자)로 메르카리에 참여했다는 기사가 일본뿐 아니라 해외 언론에도 났다. 그런데 어느 기사에도 그가 왜 메르카리로 옮겼는지는 소개되지 않았다.

라거링은 2014년까지 구글 본사에서 근무했다. CEO였던 에릭 슈미트 및 '안드로이드의 아버지'로 불리는 앤디 루빈과 함께 일한 경험이 있다. 슈미트도 루빈도, 실리콘밸리의 거물 스타이자 IT 역사에 이름을 남길 인물이다. 라거링은 구글에서 페이스북으로 옮겨 마크 저커버그에게서 약 200명으로 구성된 팀을 배정받았다. 그곳에서 VR(가상현실) 기업인 오큘러스와 파트너십 등 신규사업 개발과 제조회사 섭외 등을 맡았다. 즉 그는 페이스북의 주요 인물이기도 했다.

내가 실리콘밸리 상점가를 본떠 만든 페이스북 본사에 갔을 때 회사를 안내해 준 젊은 직원에게 존 라거링을 인터뷰한 기사를 보여주자 그가 "와!" 하고 놀라며 존경 어린 눈빛을 보냈다. 그 정도로 대단한 인물인 라거링이 왜 일본발 프리마켓 앱 기업으로 옮겼을까? 그 이유를 어느 기사에서도 보지 못한 것이다.

메르카리 사장직을 고이즈미 후미아키에게 넘긴 뒤 회장 겸 CEO로 해외사업에 전념하고 있는 야마다는 이렇게 털어놓았다. "미국 사업에 가속도를 붙이기로 했을 때 가장 먼저 떠오른 사람이 존이었습니다." 2014년 미국에 진출한 이후 야마다는 존 라거링과 가끔 페이스북 본사 식당에서 점심을 함께 했지만 존이 중요한 자리를 맡고 있었기 때문에 전직轉職은 어려울 거라고 여겼다.

메르카리는 2016년 7월 아이폰용 무료 앱의 전미 다운로드 순위에서 이모티콘인 'Bitmoji Keyboard' '포켓몬GO'에 이어 3위에 오르는 쾌거를 이뤘다. 하지만 야마다에게는 해결해야 할 과제가 있었다. 미국 쪽 사업 성과가 일본의 성장 속도에 비해 미미하다는 게 바로 그 점이었다. 한편 "일본인보다 낫다"는 소리를 들을 정도로 일본어 경어에도 능통했던 라거링이 어느 날 재밌는 말을 했다.

"미국의 메르카리는 '긴 대기줄이 생기기 직전의 라면집' 같은 상태입니다. 맛있고 평판도 좋지만, 일반적인 식사에는 이르지 못했죠." 그런 판단을 하고도 왜 그는 페이스북의 요직을 버린 것일까?

라거링이 일한 구글과 페이스북은 시가총액 세계 5위 안에 드는 대기업이다. 그러나 사회인으로서 그의 출발점이 도쿄 가부키정의 '도코모숍 신주쿠히가시구치점'이라는 사실은 거의 알려지지 않았다. 2002년 그는 야스쿠니도오리에 면한 점포에서 휴대폰을 팔고 있었다. 이것이 그의 인생에 커다란 영향을 미치는 경험이 된다.

"저는 어린 시절 컴퓨터 오타쿠였습니다."라며 웃는 라거링으로부터 이런저런 이야기를 들었다. 스웨덴인인 그는 스톡홀름 경제대학에서 '온라인 시대의 브랜드 마케팅'을 연구했다. 돌아가신 숙모가 기업 브랜딩 작업을 하는 회사를 운영한 영향도 있어서 브랜딩과 인터넷은 친근한 주제였다. 대학 시절, 브랜드론으로 알려진 도쿄대 대학원의 가타히라 호타카 교수를 만나 일본에 왔고, 도쿄대 대학원에서 유학했다. 이것이 일본과의 인연이다.

어느 날 도쿄의 선술집에서 NTT도코모의 아이모드를 시작한 에노키 게이이치를 중심으로 한 모임에 참석했다. 그 자리에서 존의 이야기를 흥미롭게 들은 에노키가 도코모 입사시험을 보라고 권유했다. 그것이 입사 동기였다. 회사원이 된 그가 처음 배치된 곳이 가부키정에 있는 '도코모숍 신주쿠히가시구치점'이었다. 가부키정이라는 지역 특색 때문인지, 그곳에서 근무하며 그는 흥미로운 경험을 많이 했다. "손님끼리 목소리가 크다며 싸움을 시작해 경찰이 출동하는 등 일본에서는 좀처럼 만나기 어려운 일도 종종 겪었습니다만, 실은 그 모든 경험이 지금 나에게 도움이 됩니다."

대체 뭐가 도움이 되었다는 얘길까? 일본인은 화를 낼 때도 친절하다는 게 바로 그거다.

"손님은 엄하게 지적하지만 무턱대고 화를 내는 대신 '이러면 안되지 않나?' '이상한 거 아닌가?'라는 식으로 문제를 지적해줍니다. 일본인은 높은 수준의 서비스를 요구하는 것으로 널리 알려져 있죠. 그런데 문제를 지적하는 일본인의 방식이야말로 일종의 피드백을 하는 것이라고 저는 생각했습니다. 제대로 대응하면 손님의 화는 가라앉죠. 그런 경험을 통해 저는 '고객의 시점'을 배웠습니다. 특히 소비자들은 알기 어렵거나 귀찮은 것을 우리가 상상하는 이상으로 싫어한다는 사실을 그때 깨달았어요."

확실히 일본에는 '고객은 신이다'라는 말이 널리 퍼진 탓에 점원을 안하무인으로 대하는 손님이 종종 있다. 그러나 그들이 왜 그렇게 화를 내는지 알고 나면 갖가지 힌트가 보인다는 것이다. 휴대전화로 통화하거나 메일을 보내는 단순한 욕구를 충족시키기 위해 왜 두꺼운 약관을 읽고 복잡한 서비스 체계를 알아야 한단 말인가? 짜증내지 않는 게 도리어 이상할 정도다. 점원도 기억해야 할 것이 너무 많다. 전에 휴대폰 가게를 경영했던 사람의 말에 따르면 나이 많은 손님은 몇 번이고 가르쳐주어도 잊어버리고 다음날 다시 찾아오기 때문에 아예 노인을 피하는 점포가 적지 않다고 한다.

반면 라거링은 말했다. "요금체계와 서비스를 단순하고 알기 쉽게 개편하면 모두가 행복해집니다. 그걸 배웠어요." 당연한 이야기처럼 들리지만 페이스북이 순식간에 시가총액 세계 최고 기업이 된 이유도 고독이나 불안 같은 인간의 보편적인 심리를 시각화한 '관계 맺기'로 건드려줬기 때문이다. 기술만으로 세계를 앞질러 갈 수는 없다. 중요한 것은 고객의 마음에 가서 닿는가 여부다. 이 점은 야마다가 깨달은 것과 겹치기 때문에 뒤에 다시 이야기하겠다.

남녀평등이나 수평적인 조직문화를 어린 시절부터 체득한 그는 학벌의 장벽까지 무력화시키며 가부키정의 경험치를 비약적으로 높여갔다. 라거링은 아이모드 주역인 나쓰노 다케시와 해외진출 전략을 맡아 아프리카, 중동, 아시아를 누볐다. 미국에서 일어나는 기술혁신에 참여하고 싶어서 NTT를 퇴직한 뒤 구글로 옮겨 휴대폰 '안드로이드'를 개발한 앤디 루빈, CEO 에릭 슈미트 등 거물을 만났다. 슈미트는 중요한 협상 자리에서 옆에 앉은 젊은 라거링에게 수시로 의견을 물었다. 어떤 상대든 인정하고 존중하는 태도로 일하는 슈미트를 만나 함께 일하며 그는 많은 영향을 받았다. 라거링은 구글 시절 행사에서 야마다를 알게 됐다. 친구라고 할 정도는 아니지만 그는 야마다를 보며 '젊은데도 정신연령이 높고 인생 경험이 풍부한 사람'이라 생각했다고 한다.

라거링이 가부키정에서 깨달은 것처럼 야마다도 비슷하게 깨달은 게 있었다. 그가 구축하려는 세계관을 이해하는 데 힌트가 될 이야기이다. 에스토니아에서 스카이프가 등장해 세계적인 서비스로 성장했을 때 어느 창업가가 "당했다"라고 탄식한 한 마디였다. 그 말이 지금도 자신의 귓전을 맴도는 이유를 야마다는 이렇게 설명했다.

"스카이프 기술은 이전부터 존재했어요. 바로 그 기술을 사용자가 간단하게 사용할 수 있도록 한 점이 획기적이었습니다. 기술을 이용해 누구라도 인스톨하면 인터넷으로 통화할 수 있다는 사실 말입니다. 구글 역시 검색뿐 아니라 페이지 순위라는 아이디어를 구현했기 때문에 사회에 충격을 준 거라고 생각합니다."

스카이프의 등장으로 멀리 떨어진 곳에 사는 가족이나 친구끼리 대화를 할 수 있게 되자 만남이나 결혼, 국경을 넘어선 사업이 쉬워졌다. 세계 여러 나라 사람들에게 '거리'라는 장벽을 제거해준 것이다. "비행기나 자동차처럼 단순한 아이디어지만, 이면에 여러 가지 생각이 담긴 것을 해보고 싶다"고 그가 나에게 말한 적 있다. 지극히 단순해 사용하기 편리한 서비스이되, 사람들의 삶을 바꿀 정도로 영향을 주는 것. 야마다가 목표로 하는 사업이다.

야마다가 메르카리를 창업했을 때 많은 기술자와 창업가들이 모여든 것도 이 같은 그의 세계관에 공감했기 때문이다. 그러면 라거링은 어땠을까?

## 그가 미국 시장에 열성을 보인 이유

"직장을 옮기리라고는 생각지도 못했습니다." 2014년 메르카리가 미국에 진출할 당시 라거링은 야마다의 입사 제의를 거절했다고 한다. 구글에서 페이스북으로 옮긴 지 얼마 되지 않았기 때문이었다. 게다가 그는 중요한 자리를 맡고 있었다.

페이스북에서 신규사업 개발을 시작한 그는 그 해 다보스포럼에서 재미난 실험을 했다. 이 실험이야말로 라거링의 이상과 세계관을 잘 드러내준다. 난민캠프를 360도 촬영 가능한 VR 카메라로 찍어 세계 지도자들에게 VR 헤드셋을 쓰고 보게 만드는 실험이었다.

국가 권력의 정점에 있는 정치인들이 머리에 VR을 쓰자 조국에서 쫓겨나거나 도망쳐 나온 사람들의 모습이 눈앞에 펼쳐졌다. VR 헤드셋에 입력된 가상공간에서 '난민'이라는 호칭으로 뭉뚱그려진 사람들의 표정이 손에 잡힐 듯 선명하게 살아났다. 가상공간이 그들과 함께 있는 듯한 착각을 불러일으킨 덕에 지도자들은 자신의 어머니 혹은 자녀들과 다를 바 없는 인간의 모습으로 난민들의 실생활과 마주했다.

"이런 체험이야말로 지도자들의 생각을 바꾸는 매우 효과적인 수단이지요." 그는 이렇게 설명했다. "멀리 떨어진 난민촌을 실제로 가본 듯한 기분과 공감을 불러일으킵니다. 기술이 사람과 사람을 연결시켜 연대감을 북돋우고, 이를 통해 새로운 가치를 낳는 것. 그것이야말로 새로운 민주주의의 기회라고 생각했습니다."

스카이프에서 미래를 본 야마다와 VR에서 가능성을 찾아낸 라거링. 두 사람은 각기 다른 장소에서 '사람들 사이를 연결해 좀 더 평등한 세상을 만들고 싶다'는 이상을 구현하고 있었던 것이다.

이상에 다가가기 위해서는 눈앞의 현실을 하나하나 해결하지 않으면 안 된다. 미국에 진출하고 3년 뒤인 2017년 4월, 미국 사업에 집중하던 야마다는 두 가지 과제와 맞닥뜨렸다. 미국은 출품 숫자가 많고 회전율도 빠르지만 거래가 끝난 뒤 리뷰를 쓰지 않는 사용자가 많은 등 '완성률'이 낮았다. 또 배송이 늦다고 지적하는 사람도 적잖았다.

"고객의 불만은 지원 인력 충원이나 기술 개발로 해결해 만족도를 높일 수 있습니다. 인내해야 할 시기라고 생각해서 반 년 걸려 전체 리뉴얼을 했죠. 그러나 다른 한 가지 문제는 우리가 할 수 있는 것이 아니었습니다." 로마에서는 로마 법을 따르라는 말이 있듯 채용과 아이디어 개발, PR 등 미국 사업을 추진할 수 있는 인재를 확보해야만 했다. 다만 어떻게 그 인재들을 그러모을 수 있을까?

미국에서 사업을 확대하기 위해 인재에 집착한 데에는 특별한 배경이 있었다. 앞서 말한 대로 미국과 중국은 다른 지역과 비교할 수 없을 정도로 공유경제를 활용하는 사람이 많다. 특히 미국은 언어와 민족 배경이 다른 사람들의 집합체이다. 그러므로 서비스나 물건 거래야말로 공통의 관계를 형성하는 몇 안 되는 방식 중 하나이다. 언어와 문화로 농밀한 인간관계를 만들어내기 힘들기 때문에 개인 간 거래가 일종의 커뮤니케이션 수단이 된다.

야마다가 미국 진출을 고집한 이유도 거기에 있었다. 문화적 다양성 면에서 세계의 축소판이라 할 미국에서 받아들여진다면 그 서비스는 세계 진출의 첫 걸음을 뗀 것과 다름없다. 구성원의 소비 경향이 비슷비슷한 일본과 달리 미국의 경우 원하는 물건의 폭이 넓고 매매하는 물품 카테고리 역시 다양해 구체적인 서비스 설계가 필요했다.

미국에 머무는 시간이 늘어나면서 야마다는 라거링을 설득하기 시작했다. 2017년 5월 라거링이 샌프란시스코 출발 런던행 비행기에 탑승했을 때의 일이다. 기내 조명이 어두워진 뒤 졸고 있던 라거링이 이상한 낌새를 느꼈다. 올려다보니 눈앞에 야마다가 서 있었다. "잠깐 이야기 좀 합시다." 같은 비행기에 탄 사실은 알았다. 공항에서 만난 야마다가 메르카리의 이념을 설명하면서 "나와 뜻을 같이 한다면 입사를 검토해 달라"고 말했던 것이다. 두 사람은 어두운 기내에서 빈자리를 찾아 걷기 시작했다. 1층, 2층을 모두 둘러봤지만 자리가 없었다. 통로를 오가면서 소곤소곤 이야기하던 라거링은 "실은 메르카리에 가고 싶어요."라고 속마음을 털어놓았다. 야마다의 세계관과 자신의 이상이 겹친다고 했다. 야마다가 틈을 주지 않고 이렇게 받았다. "그럼 갈 수 있는 상황을 함께 만듭시다. 걸리는 게 무언가요?" 어두운 통로를 서성이며 둘의 대화가 이어졌다. 결론은 그들다웠다. 복잡한 계약 조항을 '단순하게 하자'였다.

## 개인의 힘과 창조성을 되찾아오고 싶어서

샌프란시스코 시내 대로의 마켓스트리트에 메르카리 미국 지사가 있다. 영화의 한 장면 같은 전망 좋은 풍경이 창밖으로 펼쳐진다. 이곳의 실질적인 최고경영자가 된 존 라거링에게 "사업의 어떤 점에 매료되었는가?" 하고 물었다. 그러자 그가 '소비자 민주화democratization of consumer'라는 표현을 썼다. "지금은 대기업이 지배하는 세상이에요. 갈수록 대기업이 모든 것을 장악하겠죠. 이런 상황을 그대로 방치하면 상품 유통을 비롯한 모든 게 일방통행이 되고 맙니다. 조지 오웰의 《1984》처럼 재미없는 세상 말예요. 미국은 가진 사람과 못 가진 사람 간 격차가 매우 심하죠. 그 때문에라도 물건을 효율적으로 활용하려는 수요가 크지만, 정작 수단이 없었습니다. 대기업이 지배하는 사회구조 속에서 소비자를 민주화할 방도는 무엇일까? 그들에게 힘을 돌려주자는 흐름이 이제야 생겨나고 있어요. 그런 맥락에서 직거래를 통해 소비자들이 서로 연결돼 있다는 연대감을 갖는 것, 바로 여기서 새로운 가치가 싹틀 수 있지 않을까요?"

라거링의 이상은 점차 현실이 되고 있다. 과거 스티브 잡스가 "대기업의 지배를 무너뜨리겠다"고 큰소리쳤지만, 어느새 기존 대기업을 이긴 애플, 구글, 페이스북, 아마존이 세계의 정보와 광고사업을 지배하는 대기업으로 성장했다. 그 새로운 지배자들 역시 언제까지나 안녕할지 장담할 수 없는 세상이다. 인터넷 다음으로 올 '블록체

메르카리의 사업 중 하나인 자전거 공유서비스.

4엔만 내면 어디서든 메르카리의 자전거를 빌려 탈 수 있다. (사진 출처: Pixabay)

인'은 분산형 대장기술이라는 이름에 걸맞게 정보의 판을 벌인 '애플, 구글, 페이스북, 아마존'이 없어도 개인과 개인 간 신용 거래를 가능케 한다. 대기업을 무너뜨린 실리콘밸리 기업이 '중앙집권'을 하게 되었지만 조만간 그 중앙집권형 관리자조차 필요치 않을 공산이 높다.

개인과 개인의 수평적 네트워크로 가치를 연결할 수 있는 세계야말로 라거링이 꿈꾸던 세상이다. 그는 이렇게 말했다. "특히 제가 주목하는 것은 '공감'입니다. 점점 더 사람들이 만나지 않는 세상이 되고 있습니다만, 가령 VR을 통해 우리는 여러 영역을 접할 수 있죠. 여러 나라 사람을 수시로 만나고, 어학 공부도 할 수 있습니다. 기술은 인간을 도울 수 있어요. 즉, 개인을 임파워먼트empowerment하는 겁니다. 게다가 사람과 사람이 함께 무언가를 한다는 건, 그 자체로 매우 큰 의미가 있습니다. 허세 부리듯 할 이야기는 아니지만, 저는 그렇게 믿어요."

임파워먼트는 라거링 같은 인터넷 세대가 즐겨 사용하는 키워드다. 개인이 각자 지닌 잠재능력을 꽃피운다고 하면 맞을까? 인터넷을 통해 기회를 창출하고 서로 연결함으로써 힘을 발휘한다. 가치관이라는 보이지 않는 실로 점과 점을 꿰어나간다. 라거링은 말했다. "대기업이 지배하는 이 세계에서, 대기업을 거치지 않고 사람과 사람 간 직접 연결을 통해 개인의 힘과 창조성을 되찾는 거지요."

페이스북을 퇴사해 메르카리로 옮기고 3개월 후, 라거링은 자신의 페이스북에 'ikigai'('삶의 보람'이란 의미의 일본어)라는 제목으로 현재 자신이 느끼는 보람에 대한 글을 썼다고 한다. 다음날 일어나서 페이스북을 봤더니 누군가가 '좋아요!'를 눌러놓았다. 그의 이름을 본 순간 라거링은 "알아주었구나." 하고 한시름을 놓았다. '좋아요!'를 눌러 공감을 표한 사람은 과거의 보스인 마크 저커버그였다.

## 공감사회와 도파민 하이재크 경제

"당신이 생각하는 이상적인 삶은 무엇인가?" 메르카리의 존 라거링에게 질문했을 때 이런 대답이 돌아왔다. "한순간의 익사이트먼트(도취)보다 길고 안정적인 행복을 추구해야죠."

한순간의 익사이트먼트라는 의미를 제대로 이해한 건 인터뷰를 하고 조금 지나서였다. 세계 각지 컴퓨터 과학자들이 모이는 실리콘밸리를 취재했을 때 라거링이 말한 '공감'과는 전혀 다른, 인터넷 사회를 상징하는 또 하나의 키워드를 들었다. '도파민 하이재크.'

뇌 속 도파민을 계속 분비하는, 일명 도파민 사이클에 바탕해 사업을 하는 사람들. 동영상 콘텐츠 등 광고 수입을 올리기 위해 이용자들이 머무는 시간을 최대화할 수 있도록 자극적이고 극단적인 콘텐츠를 제작하는 방식이 인터넷 기반 사업의 또 다른 주류였던 것이다.

신흥국 젊은이들이 자극적인 가짜 뉴스를 미국 대통령 선거기간 중 계속 만들었다는 사실 역시 이런 흐름과 궤를 같이한다. 일본에서도 유명인을 거짓 정보로 비방하는 기사를 써서 돈을 번 사람이 위계에 의한 업무방해 혐의로 적발되었다.

주목받는 동영상 콘텐츠일수록 돈이 되는 경제구조가 만들어졌다. 때문에 AI까지 동원한 도파민 사업은 앞으로 더 확대될 것이라고 사람들은 말한다. 뇌가 늘 하이재크 당하는 것이다. 게다가 성장기 아이들이 이런 정보에 지속적으로 노출될 경우 의존증이 생기게 된다고 WHO(세계보건기구)는 경고한다. '기술과 도덕의 양립'이란 과제를 안고 있되 쉽게 규제하고 단속할 수 있는 문제도 아니다.

잘 인식하지 못하지만 기술 진화가 변화시킨 우리 삶은 많다. 미국 심리학회는 인터넷, 특히 SNS를 접하는 시간이 길면 길수록 인간은 고독을 느끼기 쉬워진다며 "고독감은 비만보다 심각한 위협이 되었다"고 경고한다. SNS로 손쉽게 연결되는 편리함 덕에 많은 사업까지 생겼지만, 늘 연결되어 있다는 감정 한편에서 개인들이 고독에 빠져 정신의 균형이 무너지는 위험이 초래된다는 것이다.

한 IT 기업 경영자는 나에게 이렇게 경고했다. "실리콘밸리에는 기술 발달 덕에 돈을 벌면서도 죄책감을 가진 사람이 많습니다. 또 그 반대급부로 인류에게 정말 도움이 되는 것을 만들고 싶다는 열망을 품은 사람도 적잖습니다. 지금 여기서 무엇이 일어나고 있는지를 제대로 봐야 합니다."

순식간에 공감과 선량한 에너지를 일으키지만 다른 한편에서 인간 정신을 희롱하는 도파민 하이재크가 횡횡하는 곳이 IT 산업현장이다. 문제는 무엇이 좋고 무엇이 해악인지 가려내기 어렵다는 데 있다. 기술로 돈을 번 사람들이 해결하기 위해 나서야만 할 과제이다.

8장

# 플래포머의 시대가 왔다

## 낡은 제조업에서 금맥을 캐낸 라쿠스루

## 뻔히 예견되었던 '택배 위기'

얼핏 삭막함마저 느껴지는 동영상이 인터넷에 올라온 것은 2016년이 저물 무렵이었다. 그 영상에서 일본 택배회사 사가와큐빈의 젊은 남자 운전사가 택배 짐을 발로 차고, 짐을 운반하는 택배용 카트를 내동댕이치며 분을 삭이지 못해 난동을 부리고 있었다. 그 모습을 몰래 찍은 사람이 인터넷에 영상을 공개하자 비난이 쏟아졌다.

찰리 채플린의 영화 '모던 타임스' 같다고 생각했던 내가 출연한 라디오 뉴스 프로그램에서 그렇게 소감을 말하자 청취자의 비판 메일이 왔다. '나쁜 쪽은 사가와큐빈 운전사이다'라고. 그렇더라도 채플린의 유명한 장면을 떠올리지 않을 수 없었다. '모던 타임스'에서 채플린은 공장의 컨베이어벨트 옆에 선 채 눈이 돌아갈 정도로 바쁘게 움직인다. 그러다 공장의 큰 톱니바퀴에 몸이 끼어버린다. 톱니바퀴 사이를 빠져나오는 모습이 우스꽝스럽지만 눈이 돌아갈 듯 일에 치인 채플린은 결국 정신이 이상해져 병원으로 실려간다.

이 영화가 개봉된 것은 1936년이었다. 일본에서는 육군 청년장교 쿠데타인 '2·26 사건'이 일어난 해이다. 채플린은 이 영화에서 기계문명과 자본주의 사회를 비판했지만 인간이 기계에 휘둘리는 모습은 톱니바퀴에서 클릭으로 바뀌었을 뿐, 80년 전이나 지금이나 그리 다르지 않다. 아무리 생각해봐도 '무언가 이상하다'고 누구나 의구심을 품을 만하다.

사가와큐빈 운전사 동영상이 화제가 되고 3개월이 지난 뒤 〈니혼게이자이신문〉에서 '택배 위기'라는 연재를 시작했다. 일손은 부족한데 택배 물량은 매년 급격하게 늘고 있었다. 애초 택배는 시골 어머니가 도시에 간 아들에게 물건을 보내는 사업모델로 시작됐다. 그러다 아마존 등 전자상거래가 등장하면서 이제는 클릭 한 번으로 택배업자가 집에 물건을 배달하는 것이 일상으로 자리잡았다.

'택배 위기' 연재를 시작하기 1년 전쯤 라쿠스루의 젊은 사장인 마쓰모토 야스카네가 트럭 배송사업 희망자 설명회에 갔다. "설명회에 모인 사람은 대여섯 명으로, 저보다 스무 살 이상 나이가 많은 어른들뿐이었습니다." 1984년에 태어난 마쓰모토가 설명회 참가 신청을 한 것은 물론 택배업자가 되기 위해서는 아니었다. 배송 업무 내용과 프랜차이즈 가맹료 등의 설명을 들은 그는 "역시 택배업계가 이렇구나."라고 혼잣말을 했다. 실태가 이렇기 때문에 라쿠스루 사업이 필요하다는 사실을 재확인한 순간이기도 했다.

라쿠스루에게는 구태의연, 비효율, 불투명, 낮은 이익률, 소수 대기업이 시장 대부분을 독점하고 무수히 많은 영세기업이 나머지 작은 파이를 차지하기 위해 싸우는 업계가 필요했다. 건설업계처럼 몇 겹의 하청구조인 피라미드형 업계도 라쿠스루가 필요로 하는 세계이다. 다른 말로 하면 낡고, 바람이 통하지 않고, 규모가 작아 돈 벌이가 힘든 체제가 타깃이었다. 그는 왜 그런 업계로 들어가려 한 걸까? 마쓰모토가 회사를 일으킨 경위부터 알아보자.


## 그가 인기 없는 업종에 주목한 이유

마쓰모토를 '도야마가 낳은 괴물'이라고 평가하는 사람은 대학 시절 친구이자 벤처 캐피털리스트로, 창업 때부터 라쿠스루를 돕고 있는 사마타 앙리이다. 사마타가 처음 마쓰모토를 만난 것은 게이오기주쿠 대학 재학 중 컨설팅 회사 인터뷰를 할 때였다. 그때 모인 40여 명 학생들은 저마다 자기가 제일 잘났다고 생각하는 속물 집단이었지만, 사마타가 보기에 딱 한 명 좀 달랐던 인물이 바로 마쓰모토였다. "뛰어나게 머리가 좋고, 이상할 정도로 강한 열정을 가진 놈이라는 인상이었습니다." 사마타는 당시를 이렇게 돌이켰다.

사마타는 졸업 직후인 2009년의 일을 또렷이 기억한다. 점심시간
이 지나 미타의 '라멘 지로'를 나와 횡단보도를 건너는데 휴대폰이 울
렸다. 힘 빠진 목소리로 "예." 하고 전화를 받자마자 흥분한 목소리
가 들려왔다. "나 회사 그만뒀어." 취직하고 1년 반 만에 미국계 컨설
팅업체 'A.T. 커니'를 퇴사했다고 알리는 마쓰모토 야스카네였다. "축
하해." 학생 때부터 벤처 세계에 한 발을 담그고 있던 사마타는 창업
가가 되려는 마쓰모토를 반겼다.

그때까지의 사원 시절을 마쓰모토는 '열등감에 휩싸였던 시기'라고
표현했다. 100명 남짓인 컨설턴트는 도쿄대나 교토대 박사학위 소지
자가 대다수였고, MBA(경영학 석사)를 딴 사람들이 속속 들어왔다. 자
신이 맡은 일은 언제 누구라도 대신 할 수 있었다. 그러다보니 '사람
이 범용상품처럼 취급되는 것은 아닐까?' 하는 생각이 들 정도였다.

"거기에서 제가 올라가는 것은 불가능하다고 생각했습니다. 우수
한 사람들과 경쟁하는 환경을 가능하면 피하고 싶었습니다. 창업도
마찬가지예요. 인터넷의 소셜게임은 수익성이 높아 매력적이지만 경
쟁이 심하고 고정비가 높지요. 그런 까닭에 마지막까지 이기는 사람
은 거의 없습니다. 클라우드 소싱을 창업해볼까 궁리도 했지만, 지금
돌이켜보면 하지 않은 게 정말 다행입니다."

힘없는 약자가 사회에 영향을 끼치는 혁신을 불러일으키려면 어떻
게 해야 할까? 열등감 속에서 그는 다음과 같은 요소를 지닌 라쿠스
루의 사업을 생각해냈다. 젊은 사람에게 인기가 없다. 그래서 젊은이

라쿠스루의 첫 번째 사업 파트너인 인쇄업

어찌 보면 인쇄업은 제조업 중에서도 가장 비효율적인 시장이었다.
마쓰모토가 창업 아이템으로 인쇄업을 눈여겨본 것은 바로 그 때문이었다. (사진 출처: Pixabay)

가 유입되지 않는다. 수급 균형이 나빠 제대로 굴러가지 않는 업계이며, 인기가 없으니 경쟁하지 않아도 된다. 그러나 누구도 하고 싶어 하지 않는다는 이유 때문에 사회에 끼치는 영향은 클 것이다.

그런 선별 과정을 거쳐 그가 눈여겨본 것이 약 6조 엔 시장규모의 인쇄업계였다. 인쇄업은 제조업으로 분류돼 일반기계, 금속, 식료품·음료, 의류·섬유에 이어 다섯 번째 시장 규모를 갖고 있다. 거대 시장이지만 그 중 절반을 돗판凸版인쇄와 다이닛폰大日本인쇄 두 회사가 차지하고, 약 3만 개 중소회사가 나머지 파이를 놓고 경쟁하는 상황이었다. 그 회사들의 70퍼센트 이상이 종업원 10인 미만에다 인쇄기 가동률은 고작 50퍼센트 수준이었다. 인쇄업계는 인터넷이 등장하기 전인 1990년대 초부터 쇠퇴 추세로 들어섰다. 비효율적인 구조 그대로 시장이 계속 위축돼온 셈이다.

그런데 종이 인쇄 자체에 수요가 있을까? 세상은 디지털로 옮겨가 종이 인쇄는 '낡음'의 대명사가 되었다. 뒤에 설명할 운송업계는 수요는 많은데 공급이 부족하지만, 인쇄업계는 그 반대다. 수요가 지속적으로 감소하는 바람에 공급 쪽이 남아돌아 가동을 멈춘 기계가 절반을 넘는다. 시대의 전환기인 현재를 한마디로 표현하자면 '수급 균형이 어그러져버렸다'는 것이다.

꼬치구이 점포 '구시핫친'과 '스시노야' 등 70개의 음식점 점포를 전개하는 호소푸즈는 라쿠스루의 고객 중 하나다. 영업본부장 무토 야스히로에게 "왜 라쿠스루를 이용합니까?"라고 물었을 때 그는 "이 시대에 왜 하필 종이인가, 그게 궁금한 거죠?"라면서 설명을 시작했다.

선술집 등 음식업은 인구 변화의 영향을 크게 받는다. 도심에 새 점포를 내도 1년 안에 폐업하는 사업자가 대다수이다. 반면 교외 철로변에 점포를 내면 정년퇴직한 사람들이 낮부터 모인다. 거기서 중요한 고객 모집 아이템은 인터넷이 아니라 종이 전단이다.

"인터넷 할인 광고를 겸하지만 거리에서 배포하는 종이 전단을 보고 점포를 찾는 사람이 압도적으로 많거든요. 게다가 종업원을 모집하거나 할인권을 붙인 전단을 배포할 때도 인터넷보다는 종이 전단지에 훨씬 더 많은 이가 주목하고 흥미를 보입니다."

수급 균형이 나쁘다는 것은 효율이 나쁜 것일지도 모른다. 마쓰모토는 거기에 착안했다.


## 실리콘밸리의 사상을 먼저 보라

도야마현에서 태어나 자란 마쓰모토가 고등학생 시절부터 사회에 영향을 끼치는 일을 하겠다고 생각한 것은 아니었다. 공무원 가정에서 자란 마쓰모토 야스카네에게 '카네恭揚'라는 어려운 한자의 유래를 묻자 "본가가 조도신슈浄土眞宗(일본에서 뿌리내린 대승불교의 종파 중 하나) 계라서…."라며 일상 깊숙이 절이 뿌리내린 호쿠리쿠 출신다운 대답을 했다. 그가 세계관을 바꾼 계기는 2005년 중국에서 대규모 반일

시위가 일어났던 때로 거슬러 올라간다. 게이오대에 들어간 그는 한중일 학생이 모인 '국제 비즈니스 콘테스트 OVAL'을 만드는 동아리에 들어갔다.

'동아시아발 글로벌 리더 배출'을 목표로 한 이 비즈니스 플랜 콘테스트는 첫해 행사를 도쿄에서 열었다. 중국과 한국에서 많은 학생이 모여 성공을 거뒀고, 마쓰모토 등은 2년째 행사를 베이징 칭화대학교에서 열자고 제안했다.

"외무성을 비롯해 여러 사람들이 반일 시위로 위험하니 가지 않는 것이 좋겠다고 충고했습니다. 그러나 실제로 베이징을 걸으며 학생들과 이야기를 나눠보니 언론이 전하듯 반일 감정을 품은 사람만 있는 게 아니었습니다. 우리와 우호적으로 이야기하며 미래를 향해 함께 무언가를 도모하자고 말하는 긍정적인 사람이 많았어요. 일본에서는 많은 사람에게서 '무리다' '어렵다'는 이야기만 들었는데 말이죠. 이 일을 계기로 아무도 시도해보지 않아 실현되지 않은 일이 의외로 많을 거라고 생각했습니다. 학생 신분이지만 청사진을 갖고 도전하면 사회적으로 영향력을 끼치고 세상을 바꾸는 일을 할 수 있겠구나, 그런 생각이 들었습니다."

나아가 그는 대학 시절 실리콘밸리를 방문하면서 행동철학이 확고해졌다. 2006년부터 2007년 밴쿠버에서 유학할 때 마쓰모토는 스티브 잡스의 스탠포드대학교 연설을 매일 유튜브로 듣고 암송까지 했다. "만약 오늘이 내 인생 최후의 날이라면, 나는 오늘 하려던 일을

**마쓰모토 야스카네 라쿠스루 사장.**

낡고 오래된 시장의 빈틈을 파고들어 자기만의 사업을 개척했다.
©Jan Buss

계속하고 싶을까? 그 답이 'No'인 날이 며칠 간 계속된다면 무언가를 바꿀 때가 된 것입니다." 잡스는 17세 때부터 33년 간 거울을 향해 매일 이런 질문을 했다고 밝힌 뒤 유명한 대사로 연설을 마친다.

"Stay hungry, stay foolish."

마쓰모토는 실리콘밸리로 여행할 계획을 세우면서 자신이 영향을 받은 사람들에게 무작정 메일을 보냈다. 실리콘밸리를 거점으로 활동하는 작가이자 감명 깊게 읽은 책《인터넷 시대의 5가지 정리》《웹 진화론》의 저자인 우메다 모치오, 에버노트의 호카무라 히토시, 그리고 메일 주소를 모르는 경영자들에게는 회사 홈페이지를 참고해 그 사람의 이름으로 유추되는 주소를 열 개 정도 조합해 만들어 편지를 띄웠다.

놀랍게도 얼굴도 모르는 일본인 학생에게서 메일을 받은 인사들 중 거의 모두가 흔쾌히 만나겠다는 답신을 보내주었다. 그 중에는 훗날 그가 창업한 라쿠스루에 출자한 투자자도 있었다. 또 그렇게 만난 사람 중 하나로 자신이 개발한 DVD 오토링 시스템authoring system이 월트 디즈니사에 채택돼 세계 각지 DVD 보급에 기여한 소가 히로무가 있었다. 나도 스티브 잡스와 일대 일로 협상을 해 애플에 회사를 매각한 일본인으로 알려진 소가를 여러 번 만났다. 내가 처음 만났을 때 그는 이미 80세가 넘은 나이였지만 지금도 여전히 창업가로 활동하고 있다.

마쓰모토는 소가에게서 이런 말을 들었다. "정년퇴직하고 남은 인생도 이제 얼마 되지 않으니 시간 흐름이 10배는 빠른 실리콘밸리에 와서 창업을 한 거야." 당시 소가의 빠른 걸음걸이와 말투에 마쓰모토는 혀를 내둘렀다. 소가를 통해 보는 실리콘밸리식 감각에 젊은 마쓰모토가 나가떨어질 정도였다. 그가 특별히 영향을 받은 것은 실리콘밸리의 기술보다 '사상'이었다. 특히 이베이 창업자 피에르 오미디야르의 전언이 그에게 깊은 인상을 남겼다.

"Make the world a better place(세상을 더 나은 곳으로 만들라)."

## 세상을 더 나은 곳으로 만들겠다는 뚝심으로

2009년 회사를 그만둔 마쓰모토에게 사마타는 자기 친구인 도네가와 유타를 소개했다. 게이오를 졸업한 뒤 모리빌딩에 입사한 도네가와는 라쿠스루의 공동창업자가 되었다. 나아가 사마타는 동아리 후배로 그리GREE에 근무하던 엔지니어 야마시타 유타도 데리고 왔다. 그밖에 구글에 근무하던 사마타의 친구도 라쿠스루에 입사했다. 아직 작동하지 않는 비즈니스 모델이었지만 사마타는 "친구들이 재미난 것을 하고 싶다면서 자꾸 모여드니까 뭔가 될 것 같은 확신이 들었다"고 당시를 돌이켰다.

다만 사업계획서를 들고 오는 마쓰모토를 보며 사마타는 혼자 웃었다고 한다. '얘는 파워포인트밖에 만들 줄 모르나?' 마쓰모토가 사마타에게 보여주는 자료는 늘 파워포인트로 작성한 서류였다. 인터넷에서 무언가를 만들어 창업하는 사람을 봐온 사마타는 마쓰모토에게 인터넷 감각이 있다고 생각하지 않았다. 그럼에도 사마타는 이렇게 덧붙였다. "제가 마쓰모토를 진심으로 존경하는 이유는 창업 때부터 지금까지 늘 같은 것을 말하고 있기 때문입니다. 그 말에 다른 동료들도 끌린 겁니다." 마쓰모토가 몇 번이나 강조하면서 훗날 라쿠스루의 이념이 된 말은 "구조를 바꿔 세상을 더 나은 곳으로 만들자Make the world a better place"였다. 바로 실리콘밸리의 성공자 피에르 오미디야르가 한 말이다.

사마타는 '마쓰모토가 만일 전쟁 전에 태어났다면,'이라는 가정 아래 다음과 같이 이야기한다. "그는 틀림없이 철도 계통 사업가가 되었을 겁니다. 다이쇼부터 쇼와에 걸쳐 일본은 철도가 필요하다는 열정 아래 레일을 깔고 역을 만들고 마을을 개발했습니다. 마을이 조성되면 무엇이든 할 수 있다는 신념으로 웅대한 스케일의 사업을 펼친 주인공들이 바로 세이부나 도큐의 창업자들이죠. 마쓰모토는 인터넷형 인간이라기보다 산업구조 자체를 좋은 방향으로 바꾸고 싶어하는 인물입니다. 그의 일관된 신념이지요."

인쇄는 그 1탄이라고 생각해도 좋을 것이다. 2010년 4월, 라쿠스루는 인쇄회사 통신판매 가격비교 사이트인 '比較印刷.com' 운영을 시작했다. 바로 그해, 사이트 누계 페이지뷰 100만 건을 돌파했다. 그러던 어느 날 밤, 마쓰모토와 사마타를 포함한 직원 네 명이 롯폰기의 중식당 '고히엔' 테이블에 둘러앉아 도리소바를 먹을 때였다.

"이대로 가서는 의미가 없지." 마쓰모토가 불쑥 말했다. "인쇄 가격을 비교해 1~2엔으로 의사결정을 하게 만드는 일보다 새로운 체험을 낳는 일을 하고 싶어." 큰 승부. 그날의 토의가 지금의 라쿠스루 사업으로 이어졌다.

사외이사인 이사야마 겐은 말한다. "마쓰모토 씨의 특징은 좋은 의미로 완고하다는 것입니다. 투자자 등 외부의 충고를 듣고 움직여서 실패하는 창업가를 봐왔습니다만, 마쓰모토는 흔들리지 않습니다. 다시 말해 이사회에서 우리가 반대하면 끝까지 물고 늘어져 설득하는 유형의 사업가입니다." 사마타도 이렇게 덧붙인다. "라쿠스루는 마쓰모토의 제안을 토대로 모든 사업을 만들어온 회사예요. 그게 단기적으로는 비합리적으로 비칠지 모르지만 언젠가는 진가가 드러날 거라고 생각합니다. 실제로 그는 성장하고 있으니까요."

2015년, 내가 처음 마쓰모토를 인터뷰했을 때 그는 스마트폰을 꺼내 동영상을 보여주었다. 1984년 마쓰모토가 태어난 해에 미국에서 방영된 애플의 매킨토시 광고영상이었다. 조지 오웰의 소설 《1984》를 패러디한 영상으로 '빅 브라더'가 지배하는 회색 세계를 색깔 옷을 입은 운동선수가 해머로 깨부수는 장면이 나왔다. 당시 IBM이 지배하던 정보산업의 대척점에서 애플이야말로 자유로운 미래를 약속하는 유일의 힘이라고 묘사한 도발적인 광고였다.

동영상을 다 본 뒤 마쓰모토는 이렇게 설명했다. 인터넷의 본질적인 힘은 개인이 임파워먼트하는 것이라고. 달리 말해 중소기업과 개인이 인터넷으로 힘을 얻는 것이 바로 실리콘밸리의 이상이라고. 그는 힘주어 말했다. "저는 그 이상에 매우 큰 영향을 받았습니다."

라쿠스루의 사업은 '플래포머 사업'이라고 불린다. 전국의 인쇄사업자를 네트워크로 매칭한다. 판촉전단 등 고객의 요구를 라쿠스루가 인터넷으로 수주해 전국 제휴 인쇄회사들 중 가동하지 않는 인쇄기에 나누어준다. 유휴 상태 기계를 효율적으로 활용하는 것이다. 게다가 고객의 다양한 요구를 디자인에서 배포까지 저가격, 단시간, 고품질로 실현한다.

앞서 소개한 호소푸즈의 무토 야스히로는 라쿠스루의 사업을 '혁명'이라고까지 표현한다. "신문 삽지나 우편함 투입 광고물, 거리 배포 전단 인쇄비용이 30퍼센트 가량 낮아졌어요. 그뿐인가요. 이전에는 3주 정도 걸리던 작업이 열흘로 단축됐습니다. 진짜 혁명적인 사실은 따로 있어요. 우편함 투입 광고나 신문 삽지 광고를 하고 싶은 지역을 인터넷 상의 지도로 클릭하면, 해당 지역에서 제일 많이 읽히는 신문은 무엇이고, 각 매체의 구독자 수는 몇 명인지 등 상세 데이터가 나옵니다. 우편함 투입 광고가 가능한 집 숫자까지 인터넷 지도로 한눈에 알 수 있으니, 배포까지 일괄적으로 의뢰하게 됩니다."

인쇄업계 네트워크화 덕에 그 중간에 있는 광고업계의 구조도 바뀌었다. 라쿠스루는 기존 광고전단뿐 아니라 기업 팸플릿 및 포스터

1984년 미국에서 제작된 애플의 매킨토시 광고영상.

해머를 든 여성이 성큼성큼 달려와 빅브라더의 얼굴이 클로즈업된 화면 정중앙으로 해머를 던지고 있다. (광고화면 캡처)

까지 의뢰받아 배분하면서 효율적인 모객을 지원했다. 이렇게 해서 라쿠스루 이용자 회원 숫자는 불과 1년 만에 약 4배인 15만 명으로 늘었고, 매출 성장률 역시 3년 사이 2,100퍼센트로 치솟았다.

인쇄회사에 긍정적인 가치를 제공하고, 인쇄하고 싶은 고객에게도 가치를 제공한다. 마쓰모토는 리쿠르트에 있던 동료로부터 "라쿠스루 모델은 리쿠르트에서 말하는 장기적설積雪 모델이군."이란 말을 들은 적이 있다. 이미 내린 눈 위로 새로 눈이 내려 쌓이듯, 한 번 이용한 고객의 반복 이용이 늘어간다는 의미다.

재미나게도 마쓰모토처럼 낡고 거대한 인쇄업계를 인터넷에서 혁신하려고 한 젊은이가 인도네시아와 멕시코에도 있었다. 마쓰모토는 인도네시아의 그 젊은 창업가와 의기투합해 '라쿠스루 모델'을 제공하고 투자도 했다. '스티브 잡스의 아이들이 세계 여기저기서 동시에 움직이기 시작했구나.' 2015년 마쓰모토를 처음 만났을 때 내가 받은 인상이었다.


## 피로가 누적된 제도를 하나하나 고쳐나갈 것


인쇄업과 정반대로 폭발적 수요 증가를 공급자가 따라가지 못해 문제가 발생하는 곳이 물류업계이다. 물류업계의 변화는 일찌감치 전 지구적으로 일어나고 있었다. "전자상거래가 세계적으로 발달해 물류가 늘어나자 홍콩이나 미국, 인도에서 물류 혁신이 일어났습니다. 일본 야마토운수의 오구라 마사오 씨가 구축한 택배는 위대한 구조입니다만, 아마존의 등장까지 예측하지는 못했습니다. CtoC 구조로 전자상거래를 뒷받침하기에는 한계가 있죠. 수급이 맞지 않는 직감으로는 더 이상 지탱이 어렵다고 생각했습니다."

일본 물류업계 시장규모는 인쇄업계의 두 배가 넘는 14조 엔이다. 그런데 상위 10개 회사가 시장의 절반을 차지하고 나머지 절반을 약 6만 개 회사가 나눠 하청에 재하청하는, 전형적인 피라미드형 종합건설사 같은 구조이다. "우리 회사의 목표는 낡은 산업에 인터넷을 적용해 새로운 산업구조를 만드는 것입니다. 산업마다 플랫폼을 만들어 고객과 상품 공급자를 효율적으로 연결합니다. 그것이 우리가 목표로 한 업태 혁신이에요."

2016년 라쿠스루는 물류매칭 사업 '하코베루'를 시작했다. 스마트폰을 사용해 중소 운송업자 트럭의 비가동시간과 수하물주 기업의 수요를 효율적으로 매칭하는 시스템이다. 이로 인해 평균 4시간 걸리던 하주의 발주 업무 시간이 하루 30분으로 단축되었다고 한다. 그것으로 끝이 아니었다. 마쓰모토가 말했다.

"물류에서 어려운 점은 아직 인터넷이 활성화되지 않아 부탁하는 쪽도 받는 쪽도 전화를 쓴다는 사실입니다. 반면 우리 구조를 사용하면 5배로 효율적입니다. 전화 대신 스마트폰으로 버튼만 누르면 되고요. 이렇게 스마트폰을 사용하면 내 물건이 지금 어디에 있는지 등을 실시간으로 알 수 있어 편리성도 높아져요. 그걸 알면서도 많은 사용자들이 여전히 전화를 선호합니다."

'습관'의 벽이다. 인간의 습관을 바꾸려면 어떻게 해야 할까? "모든 걸 한꺼번에 바꾸려 들어서는 곤란해요." 마쓰모토는 말한다. "가령 전화가 필요하다면 한두 대씩 전화를 늘려가는 식이죠. 단번에 습관을 끊는 대신 솜씨 좋게 아날로그에서 디지털로 이어지는 다리를 놓는 방식이 필요하다고 생각합니다."

2017년 라쿠스루는 야마토운수와 제휴를 맺었다. 일손 부족이라는 과제를 안은 대형 운송회사와 디지털로 해결하는 공유서비스 벤처. 두 회사가 공동으로 새로운 시스템을 개발한 뒤, 물류 플랫폼을 만들어 수송 효율을 높이고 '수송력'을 안정시킨다는 구상이었다. 그 덕에 중소 물류사업자의 대기 시간이 줄고, 수입이 안정적으로 늘어나는 성과도 거두었다.

"바로 오픈 이노베이션이지요." 마쓰모토가 이렇게 말했다. "일본은 내년에 메이지유신明治維新 150년을 맞이해요. 그러니 메이지 이후 계속 써오면서 피로가 누적된 제도나 구조가 매우 많습니다. 그런 구조들을 어떻게 새롭게 고쳐나갈까, 저는 늘 그런 생각을 해요. 궁리 끝에 새로운 아이디어가 떠오를 때마다 가슴이 두근거립니다."

**종장**

# 멋진 기업으로
# 재도약하는 비결

## 세이부 신용금고의 경영 판단을 보라

## 세이부 신용금고가 잘 나가는 비결

하치오지시의 대형 호텔에서 열리는 중소기업단체 신년하례회에서 있었던 일이다. "어이! 잘 지내?" 기세 좋은 목소리로 누군가가 뒤에서 어깨를 탁 쳤다. 돌아보니 이 책 서장에 소개한 세이부 신용금고의 오치아이 히로시 이사장이었다. 기업 대표를 자주 취재하지만, 인터뷰 뒤 마주친 자리에서 "어이!" 하고 허물없이 아는 척을 한 사람은 거의 없었다. 세이부 신용금고 직원에게 "당신네 회사의 이사장은 참 쾌활하시네요."라고 말하자 "그러지 않으면 중소기업 사장의 마음을 잡을 수 없습니다."라며 정색을 했다.

세이부 신용금고가 '일본에서 가장 돈 잘 버는 신용금고'라는 말은 과장이 아니다. 2016년 '핵심업무이익(금융기관 본업의 수익력)'은 전년 대비 19억 엔이 늘어난 105억 엔이었다. 2017년 9월 공표한 예금은 전년도에 비해 1,317억 엔 증가한 1조 8,807억 엔. 대출금은 전년 대비 1,233억 엔 늘어난 1조 5,703억 엔. 지역에서 모은 예금잔고로 중소기업에 돈을 빌려주는 '예대율'은 83.49퍼센트(모두 2017년 9월 기준)에 이르렀다. 돈을 잘 버니까 당연히 직원 급여도 높다.

일본 신용금고 평균 예대율은 계속 떨어져 50퍼센트에도 미치지 못한다. 눈에 띄게 높은 예대율이 보여주듯 세이부 신용금고는 돈을 지역에 순환시킨다는 점에서 다른 금융기관과 크게 다르다. 다른 금융기관은 모은 돈을 국채나 주식 운용으로 돌린다. 즉 지역에서 모은 돈이 지역 밖으로 나가는 셈이다.

세이부 신용금고의 가장 큰 장점은 대변혁기에 적합한 사업모델을 잘 만들어내는 것이라고 오치아이 이사장은 말한다. 1997년부터 1999년까지 3년 간 일본 금융기관 중 91개 사가 부도를 냈다. 도시은행은 합병을 거듭해 규모가 작아졌다. 세이부 신용금고 역시 대대적으로 변신하지 않으면 살아남을 수 없게 되었다. 그러면 그들이 바꾼 사업모델은 무엇일까? 어느 고객의 사례부터 소개하려 한다.


도쿄 오모테산도의 곳토도오리에서 주택가로 들어가면 'Chuck's TOKYO'라는 반려동물용품점이 있다. 얼핏 옷가게처럼 보이는 이 점포의 특징은 일본에 없던 시장을 만들었다는 점이다. 취급하는 상품은 천연소재와 유기농 산지에서 나온 고급 사료 및 샴푸 등 반려동물용품이다. 반려동물 사료라면 홈센터에 흙부대처럼 쌓아놓은 저가

'Chuck's TOKYO' 반려동물용품점.
천연소재와 유기농 원료로 가공한 동물용품을 파는 매장으로 인기를 끌고 있다. (홈페이지 화면 캡처)

상품이 주류다. 이 제품들 대부분은 방부제 등 첨가물을 사용해 만들어진다. 하지만 최근 알레르기를 지닌 개가 늘면서 '글루텐프리' 사료나 천연소재를 사용한 샴푸를 자체 개발하는 사람이 늘고 있다.

2017년 12월에 문을 연 이 점포의 경영자는 1986년생인 니시오카 히로세이이다. 점포 이름이 된 '척'이라는 개를 안은 니시오카는 "멍멍이를 좋아해서,"라며 미소 짓는 청년이다. 그는 도쿄도 다마지구 아키시마시 출신으로 2013년 '원더라인'이라는 회사를 설립했다. 처음에는 스마트폰 케이스 제조 판매를 시작했고, 지금도 스마트폰 사업과 함께 반려동물용품점을 운영한다.

"어릴 때부터 회사를 직접 경영해보고 싶었어요. 그래서 작심하고 대학을 중퇴했습니다. 몇 개 회사를 옮겨다닌 후 화장품 도매상에서 일하던 때였어요. 시장 동향을 살피는데 문득 스마트폰 케이스 사업을 해야겠다는 생각이 들더군요." 일본에 아이폰이 등장한 2008년이었다. 화장품 도매상 영업을 위해 로프트와 소니플라자에 갔던 그는 스마트폰 케이스 판매장을 둘러보다가 "참, 안 예쁘네." 혼자 중얼거렸다. "화장품 도매상에서 일하던 시절, 여성들이 반색하는 '예쁘다'는 개념이 잘 이해되지 않아 여성 상사에게 물어가며 공부를 했습니다. 마침내 그 개념을 익혔을 때쯤, 아이폰 케이스를 더 예쁘게 만들면 어떻겠냐는 사내 프레젠테이션을 했습니다. 그랬더니 '우리는 화장품 회사야'라며 단칼에 자르더군요."

그래서 독립했고, 결론부터 말하면 그가 만든 스마트폰 케이스는 대히트를 했다. 인터넷에서는 '예쁜' 느낌이 나는 버튼을 미국에서 수입해 그것을 스마트폰 케이스에 붙인 데코레이션 케이스를 팔지만, 버튼이 떨어질 우려가 있어서 점포에서는 판매를 꺼렸다. 그래서 니시오카는 아사쿠사 자재상을 돌며 네일 젤을 구입했다. 젤을 바르고 코팅까지 해서 떨어지지 않도록 한 것이다.

나아가 판매 루트를 특화했다. 가전제품 점포에서 팔면 대기업과 경쟁해야 하므로 질게 뻔하다. 그는 '예쁜 것'을 강점으로 내세워 경쟁 상대가 없는 프랑프랑 등 부티크 점포와 인터넷 쇼핑몰을 공략했다. 그 전략이 적중해 잡지 〈팝틴〉의 독자모델이 블로그에 니시오카의 상품을 소개하면서 판매에 불이 붙었다.


## 돈을 벌고 '지옥'을 맛보다

그러나 니시오카는 당시를 '지옥이었다'고 표현했다. "멋진 느낌을 강조하기 위해서는 포장지에 인쇄되는 회사 주소지가 아키시마보다 미나미아오야마가 좋겠다고 생각해 월 4만 엔짜리 사무실을 빌렸습니다. 좁은 방에서 혼자 만들었지만, 아무리 열심히 해도 하루 100개가 한계였죠. 매일 3시간만 자고 일할 수도 없어서 대량생산해줄 공장을 찾아다녔습니다. 화장품 도매상에서 일했던 저는 품질을 매우 엄격하게 따졌어요. 가령 케이스에 젤을 바를 때는 먼지가 들어가지 않아야만 합니다. 클린룸이 있는 공장을 찾아 50군데를 돌다가 드디어 오사카에서 발견했죠."

그 사이에도 영업을 계속해 한 번에 1,000개의 주문을 받자 그는 잠도 자지 않고 기계처럼 제품을 만들었다. 신생 회사라 신용 거래가 불가능했으므로 재료 구입을 위해 그동안 모아놓은 돈을 전부 썼다. 자금이 있으면 재료 구입이 더 쉬울 텐데. 고민하던 그는 세이부 신용금고 하라주쿠 지점에 전화를 걸었다.

세이부 신용금고를 선택한 이유는 간단했다. 아키시마시 출신인 그가 도쿄 서부 지역에 강한 세이부 신용금고의 아키시마 지점 간판을 어릴 적부터 보고 자랐기 때문이다. 사업계획서를 들고 하라주쿠 지점을 찾아가 기쿠무라 히카루라는 젊은 직원을 만나 상담하고 난 뒤 대출금 1,500만 엔을 3주 만에 송금받았다.

"3주라는 속도에도 놀랐지만, 그 이후 마치 타이밍을 재기라도 한 듯 기쿠무라 씨가 전화를 걸어와 '도와드릴 게 없나요?' 하고 묻는 것이었습니다." 그 질문에 "사실은⋯," 하고 니시오카가 회사 사정을 이야기했다. 물량이 늘면서 상사를 통해 중국 공장에서 스마트폰 케이스 제조를 시작했지만 "사흘 뒤에 1,000개를 납품해주세요."라는 식의 급한 주문에는 대응하기 어려웠던 것이다. 품질 관리도 힘들었다.

"중국 공장도 나름대로 자부심을 갖고 제품을 만들었지만, 이쪽에서 생각하는 좋은 상품의 기준을 그들에게 알려주는 게 매우 어려웠어요." 니시오카는 그런 상황을 세이부 신용금고의 기쿠무라에게 전했다. 사정을 들은 기쿠무라가 제안했다. "괜찮다면, 우리가 도울 수 있을 듯합니다만." 그리고 데려온 사람이 대형 세무사무소에 근무하던 일본 국적의 중국 여성이었다. 니시오카는 이 여성의 완벽한 준비성에 혀를 내둘렀다.

"함께 중국에 가보니 이미 공장 몇몇 곳에서 샘플을 준비해두고 있었습니다. 그들 중 한 곳을 골라 계약을 했어요. 게다가 고객의 '3일 이내 500개' 혹은 '3일 안에 1,000개' 같은 급한 주문도 세이부 신용금고가 소개한 여성이 중국 공장에 전화해 바로 처리했습니다. 품질의 미묘한 차이도 제대로 전달했고요. 추가 컨설팅비를 지급하더라도 상사에 부탁했을 때보다 비용이 쌌습니다." 더할 나위 없다는 말이 딱 어울리는 상황이었다. 스마트폰 사업이 성공할 수 있었던 요인도 남들보다 빨리 '예쁜' 트렌드를 감지해 디자인을 하면 중국 공장에서 바로바로 상품화해 시장에 내놓을 수 있었기 때문이다.

그리고 꿈꾸던 반려동물 사업에 진출할 때에도 기쿠무라가 이런 조언을 했다. "신용금고 본사의 이야기에 따르면, 반려동물 관리의 본고장은 독일이랍니다. 그러니 유럽 쪽 네트워크가 있는 사람을 찾아 부탁해봅시다." 이렇게 해서 세이부 신용금고가 찾아낸 사람이 유럽에 거주하는, 과거 레이서 출신 일본인이었다.

현재 무역회사를 경영하는 전 레이서는 니시오카가 원하는 유럽 상품을 구입해주는 바이어 역할을 했다. 또 해외 진출을 노리는 니시오카의 요청으로 시장조사까지 기꺼이 맡는 등 니시오카에게 든든한

후원군이 되었다. 그는 지금 회사 고문으로 일한다. 여러 사람들의 도움을 받아 출시한 니시오카의 반려동물 관리 제품들은 지금 신주쿠 이세탄 백화점에서도 판매한다. 이세탄 입점을 연결해준 것도 세이부 신용금고였다. 패션업계의 거물을 니시오카에게 소개한 것이다.

이렇게 성장한 니시오카의 회사 '원더라인'은 창업 5년째에 매출이 4~5배로 늘었다. 니시오카에게 "목표는 무엇인가?" 하고 묻자 그는 거리낌 없이 대답했다. "뉴욕에 출점하는 겁니다."

이처럼 세이부 신용금고가 고객의 압도적인 신뢰를 얻은 비결은 속도와 외부 전문가 소개에 있었다. '응수기일應需期日'이라는 신조어가 세이부 신용금고에 있다. 보통 은행이나 신용금고에 융자를 부탁한다고 가정해보자. 대다수 금융기관 담당자들은 "검토해볼 테니 1~2주 기다리세요."라고 대답한다. 세이부 신용금고 시각으로 보면 그것은 '금융기관의 나쁜 습관'이다. 왜 1~2주인가? 그 사이 무얼 하는가? 일분일초가 급한 고객에게 1주일 뒤와 2주일 뒤는 완전히 다르다. 생각해보면 매우 성의 없는 대답이다. 고객의 마음은 타들어가지만 돈을 빌리는 처지에서 그런 말을 할 수도 없다.

세이부 신용금고는 나쁜 습관을 버리고 고객의 요청에 가능한 한 빨리 응답하는 것을 중시한다. 다른 금융기관보다 금리가 다소 높더라도 고객이 원하는 것은 명확하고 빠른 대출이다. 그러므로 이미 대출 한도가 나온 고객이라면 다음날 바로 대출한다. 금융기관 사정에

맞춰 결정을 내리는 게 아니라 고객 쪽에 서서 답한다.

그것을 '응수기일'이라는 단어로 구현해 '신뢰관계'를 구축한 것이다. 신뢰가 있으므로 예금이 늘고 대출도 늘어간다. 이것이 서장에서 직면한 1998년 위기에서 빠져나오는 계기가 되었다.

니시오카의 사례에서 보았듯이 세이부 신용금고가 지닌 또 다른 비장의 무기는 '외부 전문부대'이다. 기쿠무라는 말한다. "우리에게는 문제를 해결할 수 있는 솔루션 능력이 없습니다. 그래서 전문가를 코디네이트해 고객의 요청에 부응하는 거죠." 세이부 신용금고는 이들을 '3만 명의 전문가'라고 부른다.

어디서든 우수한 인재를 데려오고, 게다가 빠르다. 어떻게 가능했을까? 세이부 신용금고가 사업모델을 만드는 절차를 소개하겠다.

## 곤두박질친 신뢰 회복을 위해

1998년, 세이부 신용금고는 수금 업무를 폐지했다. 서장에서 소개한 대로 수금은 직원이 자전거와 오토바이로 중소기업과 개인을 찾아다니던 일상 업무이자 신용금고의 큰 기둥이었다. 그럼에도 '수금 업무로는 다른 금융기관과 차별화할 수 없다'는 경영 판단에 따라 이 같은 조치를 내렸다.

그 배경에는 발이 닳도록 다니며 모은 정기적금 중 약 80퍼센트가

1년 뒤 현금 인출된 사건이 자리잡고 있었다. 1998년은 1990년대 중 가장 부도가 많았던 해로, 그 수가 1만 8,988건이나 됐다. 거품경제 붕괴 후보다도 훨씬 많았다. 부채 총액도 부도 건수도, 리먼 쇼크 때 인 2008년과 2009년보다 많다. 어려운 현실이 정기적금 해약이라는 형태로 나타난 것이다. 어렵게 모은 적금을 줄줄이 해약하는 상황이 라면 주요 수익기반을 바꾸지 않고서는 금융업이 생존할 수 없다.

1998년 변혁기를 거치며 깨달은 사실이 있었다. 신용금고의 고객 인 중소기업 경영자는 '경영다운 경영을 한 적이 없다'는 게 바로 그 점이었다. 오치아이 이사장은 이렇게 말했다. "세계 경제의 주역이 바뀌어 신흥국이 저비용으로 값싼 상품을 만들게 되었습니다. 이로 인해 일본 경제는 큰 타격을 입었음에도 과거의 제조방식을 고수했 어요. 가령 원청기업이 1개 10엔짜리 제품을 매달 1만 개 만들어달라 고 의뢰하면서, 그렇게 하려면 기계가 부족할 테니 기계를 한 대 사 고 채용을 몇 명 늘리라고 지시합니다. 즉 제품 기획, 투자 계획, 인 력 채용, 원가 계산, 판매 관리까지 모두 원청기업이 지시했지요. 그 러니 많은 하청기업은 납기와 품질 관리에만 충실했어요. 원청의 지 시를 '기다리는 경영'이었던 겁니다. 바로 이게 일본 하청기업의 숙명 이었습니다."

수금 업무를 없애자 직원들의 시간이 남아돌았다. 그래서 시작한 게 경영 지원이었다. 그러나 처음 몇 년은 처참한 실패의 연속이었 다. 금융기관의 신뢰가 곤두박질쳤기 때문이다. "신뢰라는 걸 한마디로 표현하면, 고객이 어려울 때 세이부 신용금고에 상담해보자는 생각이 드는 것입니다. 그러나 금융기관은 상담하러 가면 담보를 내놔라, 보증인을 붙여라, 위험한 회사에는 빌려주지 않는다는 등의 구실을 대며 비가 오는데 우산을 빼앗아 버립니다. 그래서 신뢰를 잃었어요. 실패를 자초한 또 다른 요인은, 우리가 해결할 수 있는 과제와 불가능한 과제가 있다는 사실을 몰랐던 겁니다. 따라서 불가능한 것은 직접 하지 않고 외부 전문가에게 부탁하게 된 것입니다."

당초 신용금고 쪽은 대학교수에게 도시락 값을 주고 중소기업 사장과 만나도록 주선했지만 쉽지 않았다. 교수도 경영자도 자존심이 있어서 상대의 말을 경청하려 들지 않았기 때문이다. 그러나 끈기 있게 계속 해나가자 분위기가 바뀌었다.

또 하나, 세이부 신용금고는 금융기관으로는 일본 최초로 사업박람회를 열었다. 고객 기업들이 원하는 것은 판로 즉, '팔 곳'이었다. 그러나 신용금고 직원은 고객 회사의 세일즈 포인트를 다른 고객에게 설명할 수 없다. 어떻게 도울 수 있을까? 궁리 끝에 생각해낸 것이 기업을 한꺼번에 많이 모아 서로 대면시키자는 전략이었다. "하지만 이 전략도 처음에는 실패했습니다." 오치아이는 말했다. "2000년 아키시마 전시장에서 첫 박람회를 열었습니다만, 행사장에 나타난 사람들은 상품박람회라 여기고 온 주부와 아이들뿐이었죠."

그래서 도심으로 행사장을 바꾸었다. 수금 업무를 없앤 덕분에 직원들이 각 회사 부스에 붙어서 도울 수 있었다. 그들이 붙자 한 달 걸려 팔던 것을 한 시간 만에 팔았다. "사업박람회를 하면 판매로를 개척할 뿐만 아니라 눈치채지 못했던 과제를 알게 됩니다. 그것이 잠재수요지요. 잠재적인 과제를 파악하고 해결하기 위해 신용금고가 움직입니다. 자연히 신뢰 관계가 생겨나고 기업도 성장합니다." 오치아이의 설명이다.

일례로 식품 제조회사의 과제 해결을 위해 식품영양학과가 있는 여자대학을 소개했다. 그러자 대학이 협력해 상품을 개발했다. 이렇게 도쿄대를 필두로 20개 넘는 대학이 기업의 과제 해결에 팔을 걷어붙였다. 여기에는 대학 쪽 사정도 있었다. 저출산으로 학생 확보가 어려워지면서 재정이 악화됐다. 대학으로서도 세이부 신용금고와 협력을 통해 연구결과를 상품화하거나 교육현장을 넓히는 등 새로운 활로를 개척할 수 있다고 본 것이다.


## 은퇴한 프로들에게 도움을 청하다

2013년, 전문지를 읽던 당시 세이부 신용금고 이사장 다카하시 이치로의 시선이 작은 신문기사에 딱 멈췄다. '기술경영사모임'이라는 조직 출범 기사였다. 도쿄증권거래소 1부 상장기업에서 대표이사를 역임했던 경영자와 도쿄대 등 국립대 교수직에서 은퇴한 이들, 중앙관청에서 사무차관급을 지낸 인물을 비롯한 저명인사 100명 이상이 모인다는 내용이었다. 기술도 경영도 아는, 현역 은퇴자 모임이었다.

"바로 이거다!" 무릎을 친 다카하시는 현역을 은퇴한 프로들에게 고객 지원을 부탁하기로 마음먹었다. 곧바로 '기술경영사모임'에 연락해 사무실로 찾아갔다. 아사히카세이 사장과 올림푸스 사외이사 및 이사회 의장을 지낸 히루타 시로는 '기술경영사모임'의 일원이자 일반사단법인 '기술동우회' 대표이사도 맡고 있었다.

히루타는 "고민 상담이 오면 회원 전원에게 메일로 알리고, 구체적으로 지원할 수 있는 사람이 나서 현장을 방문해 상담한다"고 설명했다. 이런 기업 방문에는 세이부 신용금고 직원이 반드시 동행한다. '기술경영사모임' 회원들은 "오랜 세월에 걸쳐 축적한 노하우를 묵혀둔 채 저세상으로 가버리는 것이야말로 아깝다. 이렇게 움직이면 치매 예방도 되고."라고 농담하면서 흔쾌히 협력한다. 아사히카세이 사장까지 지낸 사람이 동네 작은 회사에 와서 협력하는 것이니 현장 사람들은 그야말로 화들짝 놀란다.


## 사람의 궁극적 욕구, '내 경험을 전수하고 싶다'


그러면 히루타가 진단하는 중소기업의 가장 시급한 변화 과제는 무엇일까? '중소기업뿐 아니라 대기업 경영자에게도 해당되는 얘기'라고 전제하면서 그가 꼽은 과제는 크게 두 가지였다. "먼저 과거의 성공 경험에서 벗어나지 못한다는 것. 이것은 규모가 크고 작고를 불문합니다. 이 점이 환경 변화를 직시할 수 없게 만들지요. 인구감소나 IoT 시대에 대응하기 위해서는 단순히 물건을 판매하는 데서 나아가 고객 가치를 최대화하는 방향으로 사업을 전환하지 않으면 안 됩니다. 하지만 성공 경험이 있는 사람들은 과거의 틀을 고수하려 해요. 두 번째는 자사 사업 마케팅에 대해 모르는 경영자가 의외로 많다는 점입니다. 제조업의 경우 하청업자나 소매업체에게 제품을 맡겨버린 뒤, 자사 제품의 최종 고객들을 만나려 하지 않습니다. 그러니 시장이 어떻게 움직이고 변화하는지 알 수 없죠."

히루타는 '이론과 실제 경영은 정말 많이 다르다'고 강조한다. 교과서대로 경영을 하는 게 결코 정답일 리 없다는 얘기다. 더구나 직원과 그 가족의 생활까지 고려해야 하는 경영자들은 교과서에 적힌 대로 할 수 없는 경우가 다반사이다. 그런 판단이 필요할 때, 현장을 실제로 경험한 사람이 '지원하는 쪽'이 되어 돕는다는 게 이 사업의 가치이다. 즉, 비가격경쟁에서 우위에 선다는 점이다.

지원과 관련한 이야기를 듣다 보니 과거 은퇴자들을 취재하던 때가 생각났다. 현역을 은퇴한 고령자들을 만나면서 "인생 마지막에 남기고 싶은 건 무엇인가?"라는 질문을 자주 했다. 돈이나 땅 등 자산을 꼽는 사람은 별로 없었다. 그들 대다수는 "인생을 살면서 축적한 경험을 다음 세대에 전하고 싶다"고 답했다. 다만 그 경험 전수의 '기회'를 좀처럼 찾을 수 없는 게 지금의 현실이라고도 덧붙였다. 인간에게는 경험이 재산이며 그것을 '전하고 싶다'는 욕망이야말로 우리의 최종 소망이라는 것을 나는 그때 깨달았다.

세이부 신용금고는 상담 요청이 들어올 때마다 해법을 알 만한 전문가를 찾아내 지원을 의뢰한다. 이 업무를 담당하는 세이부 신용금고 법인추진부에 답을 제시하기 어려운 과제가 제기된 경우에는 어떻게 하느냐고 물었다. 그는 이렇게 대답했다. "지점이나 본사, 나아가 지원 가능한 사람을 훑으며 백방으로 찾다보면 어떻게든 적임자가 나오게 되더군요."

이렇게 해서 고객은 무료로 외부 전문가에게 상담을 받는다. 원칙적으로 시간 제약은 없다. 한 가지 사안에 대해 세 번까지는 세이부 신용금고에서 해당 전문가에게 사례금을 지급한다. 즉, 최대 세 번까지 무료로 전문가의 수준 높은 컨설팅을 받을 수 있다. 상담을 더 받고 싶다면 개별적으로 계약해 이어가면 된다.

"세이부 신용금고의 존재 이유는 무엇일까? 왜 '신용금고'일까를 끝없이 질문한 결과가 바로 이것입니다." 오치아이 이사장은 말한다. "메가뱅크의 1만 엔도, 세이부 신용금고의 1만 엔도 가치는 같습니다. 같은 돈을 상품으로 취급하니까 규모의 이점으로만 따지면, 규모가 큰 곳이 이기게 마련입니다. 바로 그 지점에서 은행과 신용금고의 차이는 무엇일까를 고민한 것이죠."

1990년대 후반 금융기관들이 잇따라 파산하던 때, 세이부 신용금

사업설명회에서 웃는 얼굴로 고객을 맞는 신용금고 직원.

위기 앞에서 자신들의 존재 의미를 진지하게 질문한 결과, 그들은 고객 기업을 최우선으로 돕는 사업모델로 탈바꿈했다. (세이부 신용금고 제공)

고는 자신들의 존재 의미를 진지하게 질문했다. 은행은 주식회사이다. 주주를 위해서라도 어떻게든 주가를 올리지 않으면 안 된다. 배당을 높이기 위해서는 이익을 최우선으로 삼는 사업모델이어야 한다. 반면 신용금고는 협동조합이다. 상호부조를 통해 이용자를 지켜가야 한다.

"업적이 좋은 기업을 지키는 것은 쉽습니다. 하지만 우리는 지역 금융기관이에요. 전후 복구기에 각 지역 중소규모 회사에 대출하는 금융기관으로 탄생했지요. 때문에 신용금고는 특정 지역 경제와 긴밀하게 연결될 수밖에 없습니다. 해당 지역이 피폐해지면 신용금고도 피폐해지죠. 지역을 활성화하기 위해서는 지금 당장 잘 나가는 기업만 지원해서는 안 됩니다. 여러 기업을 튼실하게 육성해 고용을 유지해야 할 의무가 우리에게 있죠. 많이 벌지 못하더라도 고용 유지에 꼭 필요한 기업들을 키워내는 것이 우리의 중요한 임무입니다."

세이부 신용금고는 비영리단체NPO에도 대출이나 지원을 하고 있다. "일하기 편하고, 상업활동이 쉬우며, 살기 좋은 것을 우리는 '지역 역량'이라고 말합니다. 지역 역량이 강화돼야 살기 좋은 마을이 됩니다. 인구가 줄고 세수가 줄고 공적 분야의 기능은 점점 축소될 거예요. NPO를 지원해 지역 역량을 유지하지 않으면 안 됩니다."

이런 활동을 다른 곳에서도 바로 따라할 수 있겠느냐고 오치아이 이사장에게 물었을 때 이런 대답이 돌아왔다. "20년 간 계속해왔다는 것이 중요합니다. 하루아침에 기적이 일어나기는 어렵겠지요." 다시 말해 위기에 직면했을 때 '수금 업무 폐지' 같은 경영 판단을 내릴 수 있느냐가 관건일 터이다.

사업모델을 바꾼다고 해서 본질이 바뀌는 건 아니다. 다만 그것은 거울 앞에 서서 자신의 모습을 돌이키게 보듯, 자기 존재 의의가 무엇인지를 새로 질문하는 일이다. 그 결과 세이부 신용금고는 수금 업무에 활용했던 자원을 고객 지원으로 바꾸었다는 이야기이다. 변화하는 시대에 부합하기 위해서였다. 지금 세이부 신용금고는 대학생들이 가장 많이 지원하는 회사 중 하나로 손꼽힌다. 단지 급여가 높아서만은 아니다. 젊은이들이 회사를 평가하는 기준은 과거와 많이 달라졌다. 그렇다면 기업 평가의 새로운 잣대는 무엇일까?


## 돈보다 사회적 가치를 중시하는 밀레니얼 세대


2015년 '벤처캐피털의 아버지'로 불리는 영국인 로널드 코언을 인터뷰할 기회가 있었다. 코언은 G8 '사회적임팩트투자 태스크포스 위원장'이다. "이전 세대는 단지 돈을 버는 것에 인생의 비중을 두었죠." 코언은 이렇게 운을 뗐다.

"과거 1940~1950년대 비즈니스는 수익 최대화를 상식으로 여겼습니다. 그러나 수년 전 미국에서 베네피트 기업Benefit Corporation이라는 개념이 도입되었습니다. 22개 주에서 이미 법률로 제정되었죠(현재는 34개 주). 영국도 곧 이 개념을 도입합니다. 남미에서는 이미 도입해 B-Corps라고 부릅니다. 기업이 수익 최대화를 목표로 삼는 대신, 사회나 환경을 배려해 경영을 한 뒤 그 성과를 보고하는 것입니다." 사회공헌이나 환경에 대한 배려를 하지 않는 경영자에 대해서는 주주가 소송을 할 수 있다. 한편 베네피트 기업 인증은 소비자의 신뢰를 불러온다.

리먼 쇼크를 계기로 '자본주의 재정의' 논의가 활발해졌다. 탐욕에 물들었던 세상이 제자리를 찾는 과정에서 사람과 돈의 쓰임새도 바뀌고 있다. 특히 뱅크 오브 아메리카가 낸 〈밀레니얼 세대에 관한 보고서〉는 큰 파장을 일으켰다.

1980년 이후 태어나 컴퓨터와 인터넷이 당연한 환경 속에서 성장한 '밀레니얼 세대'는 윗세대보다 압도적으로 사회적 책무에 대한 관심이 높다. '닥치는 대로 일해서 돈을 벌기'보다 '인간관계나 사회 환경이 나아지는 것을 중시한다.' 바로 그 세대가 주요 소비자층으로 부상하자 시중은행도 그들을 의식한 상품을 개발하기 시작했다.

공해 배출 기업을 걸러내는 건 당연하고, 투자처가 얼마나 사회공헌 사업을 펼치는가를 그들은 꼼꼼하게 따진다. 그러자 기업들도 지금까지 PR의 일환으로만 여겨온 'CSRCorporate Social Responsibility(기업의 사회적 책임)'을 핵심사업으로 고민하기에 이르렀다.

코언은 이렇게 말한다. "밀레니얼 세대는 수익 최대화가 아니라 사회적 의의나 사회적 가치를 중심에 둔 사업모델을 구상하고, 그런 비즈니스가 가능한 환경을 만들어낼 것입니다. 따라서 기업인들도 B−Coprs를 만드는 비율이 높아지겠죠. 사회 극빈층 삶을 향상시키기 위한 식품회사나 전력회사, 체육시설을 만드는 식으로요. 시각장애인이 컴퓨터 화면을 읽을 수 있도록 하는 솔루션 등도 곧 개발되지 않을까 싶습니다." 이런 흐름은 결코 서구에서만 불고 있는 '밀레니얼 세대 현상'이 아니다.

## 젊은이들은 왜 지방으로 향할까?

'역逆무명손수건 현상'이라는 말이 있다. '연인아, 나는 여행을 떠난다'는 가사로 시작하는 오타 히로미의 '무명손수건'은 1970년대를 대표하는 히트곡이다. 동쪽으로 향하는 열차를 타고 여행을 떠나는 이의 심경을 노래했는데, 당시 인생의 여행이라 하면 목적지는 거의 모두 대도시였다.

그 '세대 사이클'이 순환하기 시작했다. 리쿠르트, 매킨지, 골드만삭스, 액센추어 같은 엘리트 세상의 명함과 높은 연봉을 버리고 지방으로 가 '지역활성화사업'에 도전하는 젊은이가 눈에 띄게 늘고 있다.

1970년대 지방에서 도쿄로 온 세대의 자녀들이다. 그들 단카이團塊 주니어는 명절이나 가족모임 때 부모의 고향을 방문한 덕에 어느 정도 지방과 친숙하다. 게다가 도시에서 경력을 쌓았기 때문에 부모 세대보다 버전업되어 있다. 지방의 토양에 살짝 뿌리를 걸치고 있어서 꽃이 피기도 쉽다. 부모는 상행열차를 탔지만 자녀들은 하행열차를 타려고 한다. 그것이 지금 일본에서 일어나는 세대 순환에 동반된 현상이다.

리먼 쇼크와 동일본 대지진 이후 이 같은 흐름은 두드러진다. 내각 관방에서 이런 말을 들었다. "내각부의 '프로페셔널 인재사업'이라는 제도를 통해 연간 약 1,000명의 프로 인재가 지방으로 돌아갔습니다. 다수는 도쿄 대기업에서 일했던 사람들로, 성장잠재력이 있는 지방 기업을 발굴해 '수세적인 경영에서 공세적인 경영으로 전환'을 돕습니다. 지방에서 활약하고 싶어하는 많은 인재들이 기회를 기다리고 있는 상태입니다."

과거 지방으로 이주한다고 하면, 신천지로 혼자 떠나는 이미지가 강했다. 지금은 다르다. 인구감소 대책으로 정부와 지방 금융기관, 인재사업 제도가 서로 협력하며 지방으로 옮겨 활동할 수 있는 체제를 정비하고 있기 때문이다. 도시의 대기업에서 지방으로 가는 사람들은 '지방이 좋아서'라기보다 자신을 필요로 하는 활동의 장을 찾아 도전하기 위해 떠난다. 과거의 지방 부흥과는 다른 점이다.

사회를 실험의 장이라 볼 때, 이해관계자가 많은 도쿄는 그런 작업을 하기가 어렵다. 반면 규모나 사람에 대한 영향을 확인하기 쉽고, 과제가 명확한 지방은 도전하기도 수월하다. 게다가 유사한 인구 규모와 과제를 가진 지역이 다수이기 때문에 한 지역에서 성공하면 그 모델을 다른 지역으로 전파하기 쉽다. 지방을 무대로 한 이런 활동은 동일본 대지진 이후 뚜렷해졌다. 도쿄에서 동북 지역으로 옮겨가 '식사 택배' 등 고령자 대상 서비스를 창업한 사례가 늘고 있다.

이제 돈의 흐름에 대한 코언의 이야기를 들어보자. "영국의 내각부 웹사이트를 보세요. 약 600가지 사회문제에 대해 정부가 부담하지 않으면 안 되는 비용이 자세히 기재되어 있습니다. 가령 재범자 한 명을 수용하기 위해서는 연간 2만 파운드(약 3,000만 원, 2015년 당시)가 듭니다. 즉 재범자를 1,000명 줄이면 정부는 2,200만 파운드의 예산을 쓰지 않아도 됩니다."

어느 국가든 사회문제 해결 비용은 큰 부담이다. 예산을 쓴다고 금방 해결되는 것도 아니다. "노숙자에게 얼마간 돈을 주더라도 그 돈을 어떻게 쓰는지 알 수 없듯, 인도적 지원의 효과를 측정할 수 있다고는 아무도 생각하지 않았습니다. 그러나 중요한 사회문제를 수치화하고 가시화하려는 움직임이 확산되고 있습니다."

예산을 과거처럼 대증요법에 쓰는 대신, 민간투자자를 모아 예방 및 방지책에 투입한다는 발상 전환을 한 것이다. 코언이 G8에서 추진담당 의장을 맡은 '사회적임팩트투자'가 바로 이것이다. 영국에서 시작된 이 모델은 이미 미국, 캐나다, 한국, 유럽에서 도입했고 2014년 7월 이후 일본에서도 자문회의가 설치돼 시험사업이 시작됐다.

영국 피터버러 형무소를 출소한 사람의 재범방지책을 예로 들어보자. 민간에서 약 80억 원을 조달한 뒤 네 개의 NPO가 수형자와 그 가족, 지역공동체에 사회복귀 지원 프로그램을 실시했다. 8년 간의 프로그램 운영 결과, 재범률이 전국 평균보다 23퍼센트나 낮아졌다(중간보고 결과). 독립평가기관이 이를 평가해 '목표 달성'이라고 판정하면 감축한 행정비용 일부와 사업 실시 비용을 투자자에게 수익으로 상환한다. 목표에 도달하지 못해 실패하면 투자자가 리스크를 감수하기 때문에 행정비용은 발생하지 않는다. 다만 유감스럽게도 이 프로그램은 중단되었다. 영국 법무부가 새로운 '수형자 재활서비스' 정책을 도입했기 때문이다. 재범방지책 효과가 입증되자 정부가 정책으로 끌어들인 것이다.

## 사회적 수익을 낳는 기업에 인재가 모인다

'사회적임팩트투자'가 보여준 획기적인 측면은 투자에 성공한 경우 '사회에 끼친 효과'를 빅데이터 등 최신 기술로 수치화할 수 있게 되었다는 점이다. 효과가 가시화되면 투자하는 쪽은 더 효율적인 예방책을 강구하는 조직에 투자하기가 수월해진다.

임팩트라는 생각은 오랫동안 사회사업에 투자해온 코언 자신이 경험을 통해 배운 것이기도 하다. 그것은 '보텀 25'라는 사업으로 성과를 내고 있다. 영국 극빈층은 '보텀 25퍼센트'로 불린다. '빈곤지역에 투자해 수익을 낼 수 있음을 증명한다면, 그것이야말로 매우 큰 성과'라고 생각한 코언은 '건강'을 첫 카드로 집어들었다.

"영국에 '더 짐THE GYM'이라는 스포츠클럽이 있습니다. 매달 약 60파운드의 회비와 입회비 수백 파운드가 드는 클럽이죠. 이 짐에 투자해 극빈층 지역에서 사업을 시작했어요. 1,500제곱미터 넓은 땅에 200대의 머신을 설치해 연중 24시간 영업을 했지요. 땅값이 싼 덕에 회비를 4분의 1까지 낮출 수 있었습니다. 그 결과 평생 한 번도 짐에 가본 적 없던 사람들이 전체 회원의 30~40퍼센트에 이르렀죠. 높지 않은 투자액으로 수익모델을 완성한 겁니다. 극빈층 지역을 대상으로 한 이 사업은 고용을 낳았고, 운동으로 주민 건강을 증진하는 등 지역 활성화에 적잖은 임팩트를 주었습니다."

지금껏 계량화하기 힘들었던 부분을 투자 테마로 삼아 돈을 벌었다. 나아가 극빈층 주민들의 건강 증진과 고용까지 낳았다. 임팩트란, 곧 공감의 반경을 넓히는 것이다. 바로 그 지점이 과거의 투자와 다른 점이라고 말하면서 코언은 이렇게 덧붙였다. "투자자 중에는 사회적 반향이 크다면 금전적 수익은 시장 평균보다 낮아도 된다고 생각하는 사람도 나오겠지요. 그러므로 경제적 수익과 사회적 이익의 비중을 사안마다 달리 설계할 필요가 있어요. 즉 연기금, 신탁, 기금 등의 역할 재설정이 새로운 과제로 등장한 것입니다."

현재 노숙자, 실업, 가정 내 폭력, 가정 붕괴, 교육, 당뇨병 예방 등

광범위한 사회문제 해결을 위한 사회적임팩트투자가 세계 각지에서 생겨나고 있다. 영국에서는 사회적 투자은행이 설립되었고, 미국에서는 골드만삭스 등 대기업이 사업에 참가하고 있다.

이것은 사회사업이라는 점에서 앞서 말한 베네피트 기업과 닮았다. 기업은 수익 최대화에서 나아가 사회문제 해결과 그 달성비율을 측정한다. 일본에서도 상장기업은 사회·환경문제에 능동적으로 나서야 한다는 차원에서 '코퍼레이터 거버넌스 코드'가 만들어졌다. 데이트레이딩 같은 단기매매를 억제하기 위해서는 주식의 중장기 보유를 장려하는 환경이 필요하다. 이를 위해서라도 기업 지배구조 개선과 주주와의 건전한 대화가 필요해진다. 즉, 리먼 쇼크를 불러온 탐욕자본주의와 결별하려는 움직임이 전 세계적으로 일어나는 것이다.

코언은 말했다. "지각 있는 기업은 경제적 수익뿐 아니라 사회적 이익까지 산출하는 방향으로 사업을 끌고 갑니다. 그런 기업에 최고의 인재가 모이겠지요. 기원전 1세기 철학자 세네카의 명언도 있지 않습니까." 코언이 내게 그 명언을 들려주었다.

"Fate leads the willing and drags along the reluctant(운명은 뜻이 있는 사람에게 길을 열어주고 뜻이 없는 사람은 끌어내린다)."

# 처음으로 돌아가 스스로를 응시하라

1998년에 시대가 바뀌었다고 하지만, 메이지유신이나 패전과는 그 양상이 달라 좀처럼 알아차리기 어려웠다. 눈에 드러나지 않는 이 변화를 어떻게 르포하면 좋을까 생각하던 차에 2014년 경제지 〈포스브 재팬〉 창간에 참여하면서 '회사'와 '사람'을 매개로 현장 취재를 할 기회를 얻었다. 그 과정에서 사회 가치관의 변모를 선명하게 관찰했다.

1장부터 6장까지를 총괄하면, 기업 단독으로는 살아남을 수 없는 시대가 도래했다고 말할 수 있다. 파는 쪽과 사는 쪽의 경계선은 점점 사라지고 있다. 기업은 고객이나 지역쪽으로 다가가 그들과 일체가 되어야만 존립 가능한 시대가 되었다. 당연히 '경쟁'과 '성공'의 개념도 달라졌다. 이 시기 변화의 가장 큰 특징은 사고 파는 접점이 '점'에서 '공존'이라는 긴 시간 축으로 바뀌었다는 데 있을 것이다. 그 열쇠가 '대화'라는 사실로 비추어볼 때, 우리의 가치관이 출발점으로 회귀한다는 느낌도 들었다.

그 다음으로 메르카리와 라쿠스루의 등장은 과거 피라미드형 사회 구조가 무너지고 있다는 사실을 반증한다. 더 이상 중앙집권적인 힘은 불필요하다. 이제 시대의 키워드는 '분산화'이다.

스마트폰 세대가 즐겨 사용하는 '개개의 임파워먼트'(개인을 지원해 능력을 꽃피워가는 것)라는 말에도 협력과 공존을 원하는 아날로그적 가치관이 담겨 있다. 피라미드의 상부에 순종하는 것이 아니라 디지털을 활용해 자율적인 개인과 개인이 횡적으로 협력한다. 그런 태도가 더 원시적인 인간사회를 지향하는 듯해서 반 20세기적이라고 생각한 적도 있었다.

그렇게 시대가 바뀌는 과정에서 이 책에 등장하는 사람들은 남들보다 한 발 앞서 시대를 꿰뚫어보고, 미래 사회에 필요한 역량을 강화하는 데 집중해왔다. 마법 지팡이처럼 한순간 아이디어가 번쩍 떠올라 성공한 게 아니다. 지혜를 얻은 일은, 시대를 관찰하는 눈과 초심으로 돌아가 자신을 돌아보는 뼈아픈 작업을 통해 가능했다.

'초심으로 돌아간다'는 말은 언뜻 간단해 보이지만, 아무나 할 수 있는 건 아니다. 왜일까? 눈앞을 가로막는 선입견, 부화뇌동, 외부 압력, 혹은 과거의 성공 경험에서 벗어나는 일이 녹록치 않기 때문이다. 그것은 언론에 몸담은 나 자신에게도 똑같이 적용된다. 1998년 이후 20년을 되돌아보면, 경험칙에 사로잡혀 오판하거나 간과한 일이 여럿이다.

변화의 시기를 멋지게 돌파하고 있는 이들의 지혜와 결단을 소개한 이 책이 미래를 고민하는 독자 여러분에게 힌트를 줄 수 있었으면 좋겠다. 이 책에 등장하는 분들에게 거듭 감사의 말씀을 전한다.

그리고 5장의 '스미마스 개그맨' 취재는 언론인 기타지마 히데유키 씨, 최종장의 로널드 코언 인터뷰는 SIIF(일반재단법인 사회적투자추진재단)의 상무이사 구도 나나코 씨와 언론인 곤도 나카 씨의 도움을 받았다. 전편에 걸쳐 〈포브스 재팬〉 편집부의 지원이 큰 힘이 돼주었다. 마지막으로 전작 《이토록 멋진 마을》에 이어 분게이슌주 편집자 안도 이즈미 씨의 조언 덕분에 이 책을 정리할 수 있었다. 모든 분에게 진심으로 감사드린다.

2018년 3월, 후지요시 마사하루

# 변화의 시대를 한 걸음 앞서간 일본 기업 이야기

혁신의 거대한 아이콘 하면 아마도 많은 사람들이 스티브 잡스를 떠올릴 것이다. 잡스 연구가이자 작가, 칼럼니스트인 카민 갤로는 잡스가 죽기 1년쯤 전 낸 책 《스티브 잡스 무한 혁신의 비밀*The Innovation Secrets of Steve Jobs*》에서 그의 비즈니스 철학이자 혁신의 원칙을 7가지로 이렇게 정리한다.

일은 좋아서 해야 한다. 일의 목표는 세상을 바꾸는 것이어야 하고 이를 위해 끊임없이 창의성을 일깨워야 한다. 디자인에 임해서는 적어도 1,000번쯤 "노No"를 외칠 줄 알아야 하며 스토리텔링에 능해야 한다. 소비자에게는 언제나 제품이 아닌 꿈을 팔려 노력하고 무엇보다 소비자들이 최고의 경험을 누릴 수 있도록 해야 한다. 이 원칙을 아우르는 것이 바로 잡스의 구호 '다르게 생각하라Think Different'이다.

잡스가 살았을 때만큼은 아니지만 그가 떠난 뒤에도 이 원칙에 충실한 애플은 여전히 혁신기업의 선두 그룹에 있다. 미국 경제의 대들보일 뿐만 아니라 전 세계에 걸쳐 숱한 기업에 긍정적인 자극을 주었고 지금도 마찬가지다.

일본 지방도시의 성공 사례를 담은 《이토록 멋진 마을》로 국내에도 이름이 알려진 일본의 저널리스트 후지요시 마사하루가 쓴 《이토록 멋진 기업》은 혁신에 성공한 일본 기업을 다룬다. 잡스의 혁신 원칙이 그의 타고난 감각과 인생철학에서 나온 것이라면, 이 책에 등장하는 여러 일본 기업의 성공 사례는 거스를 수 없는 변화 속에서 생존을 위해 몸부림친 결과이다.

하지만 결과적으로 이들은 창의적인 아이디어로 도전을 했고, 단지 상품을 파는 것이 아니라 무엇이든 소비자에게 도움 되는 비즈니스로 그들의 성취를 북돋았으며, 그를 통해 세상을 바꾸려고 했다는 점에서 닮았다. 잡스의 원칙처럼 기업이 혁신으로 성공하는 공식 같은 것이 있는 듯도 하다.

책에는 여러 일본 기업이 등장한다. 저자는 낡은 경영 행태를 바꾸어서 성공한 기업으로 세이부 신용금고, 다이이치생명, 네츠토요타난고쿠, 요시모토코교를 들었다. 세이부 신용금고는 사업의 본령이던 수금 업무를 최소화하고 중소·영세기업 대출과 경영 지원으로 업계 수위의 실적을 자랑하고 있다. 다이이치생명은 품질 위주 경영과 인생설계 보험으로 인구감소 시대의 생명보험 위기를 극복했다. 도요타자동차 지역판매망의 하나인 네츠토요타난고쿠는 자동차 판매보다 고객과 관계 형성에 더 무게를 두었다. 인기 없는 소속 개그맨들을 출신 지역으로 보내 지역 활성화의 주역으로 자리매김한 일본최대 연예기획사 요시모토코교의 전략도 신선하다.

마케팅과 기술혁신으로 성장의 활로를 연 기업으로는 고마쓰, 후쿠오카 다이에 호크스, 미쓰후지가 있다. 세계적인 건설장비회사인고마쓰는 공사현장의 비효율을 IT기술로 해결해 사업성을 한 단계 더높였다. 야구단 운영과 호텔, 유통사업을 겸했던 후쿠오카 다이에 호크스는 리크루트 출신의 낯선 경영자를 끌어들여 사업 시스템과 마케팅을 대대적으로 혁신했다. 사양길로 접어든 중소기업이 낡아버린전통기술의 새로운 판로를 개척해 기사회생한 미쓰후지 사례는 비슷한 처지의 많은 중소·영세기업에 시사하는 바가 적지 않다.

새로운 가치를 남들보다 한 발 먼저 더 적극적으로 경영의 중심으로 삼은 기업들로는 세키스이하우스, 스바루, 메르카리, 라쿠스루를들었다. 건축회사 세키스이하우스와 자동차기업 스바루는 각각 환경과 안전을 앞세워 경쟁력을 확보했다. 새로운 트렌드인 공유경제를사업 근간으로 삼아 개인 간 물물거래를 중개하는 메르카리와 인쇄기업의 유휴 자산을 활용한 라쿠스루의 사업모델은 주목할 만하다.

무엇보다 흥미로운 것은 저자가 이런 기업을 탐색한 이유다. 책 서두에서 그는 1998년 이후 일본 사회에서 서로 신뢰할 수 없는 풍조가생겨났다고 진단한다. 대출이 본업의 하나인 금융기관이 돈을 빌려주지 않기 시작했고, 그 결과 중소 영세기업의 부도가 잇따랐다. 임금이 하락하고 사회 양극화가 심해진 것도 그때부터다. 돈이 없어 결혼하지 않거나 아이를 낳지 않는다는 젊은이들이 늘어갔다. 여론조사에서는 '국민의 의견과 희망이 정치에 반영되지 않는다'고 생각하는 사람들이 갑자기 증가했다. "은행은 돈을 빌려주지 않고, 정부는 믿을 수 없고, 인간관계와 일의 거래 관계 같은 '관계성'으로 연결된 사회가 가위로 실을 끊듯 의지할 수 없게" 된 변화 속에서 성공한 기업의 동력을 찾고 싶었던 것이다.

언제부터라고 잘라 말하기 어렵지만 이런 추세는 한국 사회라고 다르지 않다. 정권이 교체되어 많은 변화가 생겼으나 지금 정부도 여전히 혁신성장을 소리 높여 외치는 모습은 변함이 없다. 그만큼 기업의 혁신이, 또 혁신 기업의 등장이 절체절명의 과제라는 말이거니와 오래 전부터 부르짖었음에도 불구하고 그 혁신이 아직 제대로 일어나지 않았다는 방증이다. 세월로 따지자면 길게는 30년 전부터 짧게는 불과 최근 몇 년 사이 변화를 슬기롭게 이겨내고 성공한 일본 기업의 사례가 그런 사회적 고민을 풀어갈 한 가닥 실마리가 되리라 믿는다.

2019년 3월, 김범수

옮긴이 **김범수**

〈한국일보〉기자이며 도쿄특파원으로 2011년 3월 말까지 3년 동안 일했다.〈한국
일보〉국제부장, 여론독자부장, 문화부장을 거쳐 논설위원으로 재직 중이다.
일본의 행복마을 후쿠이를 취재한 베스트 셀러《이토록 멋진 마을》, 인구감소 시대
지방의 생존법을 모색l한《젊은이가 돌아오는 마을》, 한신·아와지 대지진을 통해
보는《진도 7, 무엇이 생사를 갈랐나?》등을 번역했다.

이토록 멋진 기업

첫판 1쇄 펴낸날 2019년 5월 1일

지은이 | 후지요시 마사하루
옮긴이 | 김범수
펴낸이 | 지평님
본문 조판 | 성인기획 (010)2569-9616
종이 공급 | 화인페이퍼 (02)338-2074
인쇄 | 중앙P&L (031)904-3600
제본 | 서정바인텍 (031)942-6006

펴낸곳 | 황소자리 출판사
출판등록 | 2003년 7월 4일 제2003-123호
주소 | 서울시 영등포구 양평로 21길 26 선유도역 1차 IS비즈타워 706호 (07207)
대표전화 | (02)720-7542  팩시밀리 | (02)723-5467
E-mail | candide1968@hanmail.net

ⓒ 황소자리, 2019

ISBN 979-11-85093-83-3  03320

* 이 도서의 국립중앙도서관 출판시도서목록(CIP)은 서지정보유통지원시스템 홈페이지
 (http://seoji.nl.go.kr)와 국가자료공동목록시스템(http://www.nl.go.kr/kolisnet)에서
 이용하실 수 있습니다.(CIP제어번호: CIP2019014022)
* 잘못된 책은 구입처에서 바꾸어드립니다.